自分を
変えれば
未来が
変わる

深見東州
Toshu Fukami

TTJ・たちばな出版

はじめに

「あなたは強い意志の持ち主ですか……」。こう問われて、「イエス」と胸を張って答えられる人がどれだけいるだろうか。

勉強するために机に向かってもすぐに飽きてしまう、ちょっと困難な問題に遭遇するとすぐに仕事を投げ出してしまう、何をやっても中途半端で最後までやり遂げたことがない……。世の中には、移り気、ムラ気が激しく、集中力や持続力、根気や根性に欠ける人がたくさんいるが、そういう人でも、これまでは社会からスポイルされることはなかった。国や社会によって生活が保証されていたからである。

たとえば、ひとたび企業に就職すれば、仕事ができようができなかろうが、能力があろうがなかろうが、やる気があろうがなかろうが、終身雇用・年功序列という日本独自の人事体系によって、身分はほぼ完全に保証されていた。たとえ〝月給ドロボー〟と非難されようとも、自分から辞めると言わない限りクビにされることはなく、年功とともに賃金は黙っていても上がっていったのだ。

だが、これからの時代、そういう甘さは許されない。移り気、ムラ気が激しく、何をやっても中途半端という人は、生活そのものが厳しくなるばかりか、まかり間違えば、社会から締め出されることだって覚悟しなければならない。

ご存じのように、日本の社会は今、規制緩和、規制撤廃という名の下に、自由競争の時代へ向かって大きく動き始めている。

自由競争と言えば聞こえはいいが、要するにこれは、弱肉強食の論理にほかならず、自由競争の下では強い者だけが生き残ることを許され、弱い者は自然に淘汰されていく。つまり、富める者はますます富み、貧しき者はますます貧しくなるのが自由競争社会である。

そういう社会になって果たして幸せなのかどうか。賛否両論いろいろあるようだが、自由競争の是非善悪を論じたところであまり意味はない。現実に、勝ち組と負け組とに二極分化される社会が目前に迫っているからだ。

産業界ではすでに、勝ち組と負け組との色分けがかなり進んでいるが、個人レベルでも、富める者と富まざる者とに色分けされていくのは確実である。勤務先が大企業であるとか有名企業であるとか、そんなことはもはや関係ない。問われるのは、どれだけ仕事ができるのか、どれだけ実績を残せるのか、だけである。

長い間にわたって人事体系の主流を占めてきた終身雇用制は、今後ますます影が薄くなるだろうし、給与体系も、年功給から能力給へとますますシフトしていくはずだ。その結果、会社の業績に貢献できれば、二〇代、三〇代の若さで年収二〇〇〇万、三〇〇〇万という給与を手にすることも可能になる。一方、貢献しないと見なされれば、「給料を三〇パーセントカットするけど、それでも会社に残りますか、それとも辞めますか」という選択を迫られることになるだろう。いきなりクビを宣告されることだってあるはずだ。

能力・実績に応じた給与体系になれば、自ずと定期昇給にも差がつくようになる。定期昇給と言えば、これまでベースアップという名の横並びの昇給が普通だったが、これだって意味がなくなる。おそらく定期昇給は、ちょうどプロ野球選手の年俸交渉のように、サラリーマン個人と企業との個別交渉の場で決定されるようになるのではないだろうか。

このような弱肉強食の時代が、刻一刻と近づきつつあるのだ。

かくもシビアな社会で頼りになるのは、自分の実力しかない。社会から淘汰されないためには、「この分野では誰にも負けない」というくらいの実力をつける以外に道はない。しかし、実力、実力と言っても、一朝一夕で身につくわけではない。コツコツと不断の努力を重ねていって、初めて身につくのが実力というものである。

では、不断の努力を支えるものは何かと言えば、ズバリ意志の力である。

「あいつは意志薄弱なんだけど仕事ができる」、「何をやっても中途半端なやつなんだけど、仕事をやらせたら超一流」なんていうことなどあるはずもなく、今も昔も「実力のある人イコール意志の強い人間」という図式に変わりはない。

いずれにしても、これからの時代、意志力のない人にとって、ますます生きにくくなるのは間違いないだろう。

ということで、本書では、意志の弱い自分、集中力のない自分、何をやっても中途半端な自分、怠けグセのついた自分をどうやったら克服できるのか、ということに焦点を当てて論じてみたい。

なぜ自分は集中力がないんだろう、どうしてこんなにも根性がないんだろう、何をやっても三日坊主で終わってしまうのはなぜなんだろう……。

世の中には自分の性格に悩んでいる人はたくさんいる。と言うより、悩んでいない人なんか一人もいないと言っていいかもしれない。問題は、悩んでいるだけでなく、性格を変えたいと切に願っているのか、あるいはそのための一歩を踏み出そうとしているかどうかであって、そういう気持ちで本書をお読みいただければ、必ずや何らかの役に立つものと確信している。

本書が必ず役に立つと確信しているのはほかでもない、私自身がダメ人間だったからだ。ムラ気で集中力がなく、何をやっても途中で放り出してしまう。それが若き日の私であった。そこから苦心惨憺《さんたん》して何とか今日まで這い上ってきた足跡。それをそのまま記せば、抽象的な「性格改造論」を偉そうに語るより、はるかに役に立つ。そう思って筆を執った次第である。

私のような人間でも、性格を改造することができたのだから、みなさんもきっと、今の自分と一八〇度違う自分に変身できるものと信じている。

平成十三年八月

深見　東州

自分を変えれば未来が変わる——もくじ

第二章　観念を破って、新たなる自己に目覚める法

第三章 弱気克服法——123

第四章　弱気克服の接心《せっしん》

第一章　性格を変えるには？

気弱だったから私はこうアドバイス

気弱を克服し、強く雄々しくなるにはどうしたらいいのか。誰でも簡単にできる方法はあるのかないのか……。

この章ではこれを考えたい。しかし、本音を言うと、このテーマだけは避けたい。なぜかというと、子どものころの私は、体は小さいわ、根性はないわで、気弱そのものだったからだ。

けれど、そういう気の弱い子ども時代の経験を持つからこそ、気の弱い方々に居丈高にならずにアドバイスできるのではないかと思っている。私の子ども・少年期の精神状態を紹介したら、今、私に相談しに来る人はみんな「何だ、ぼくのほうが、深見東州よりよっぽど堂々としているじゃないか」と思うことだろう。

子供のころの私なんて、本当のところ、思い出したくもないくらいだ。性格的には明るく元気な一面もあったが、心の中ではオドオドして、自信がなかった。

外見はと言うと、十五歳にして一四八センチである。学校の朝礼のときは、いつも一番前だ。だから、「前へ習え」の号令がかかっても、何もすることがなかった。周りを見れば、みんな背は高いし、賢そうだし、それに比べて自分はと思うと、あまりにも惨めで、私はいつもハラハラドキドキ怯えていた。

私は講演で、『老子《ろうし》』を語り、『易経《えききょう》』を語り、日本のものでは空海《くうかい》とか道元《どうげん》とか難解な古典のことをよく話す。じつは、こういう古典は、真理を伝えているものだから、言わんとするところはちっとも難しくない。しかし、講演に参加される方の多くは、ムラ気でテレビを見始めたら止まらないようなタイプだ。昼のワイドショーに夢中になったって、老荘も孔孟も出てくるわけがない。だから、せっかくの私の話も、割り引いて聞かれてしまうことがある。

「そりゃ、深見先生は特別だから、そういうややこしい古典を読めるでしょ。でも私はテレビや雑誌のほうがずっと興味があるわ。深見先生は小さいころから優秀だったんでしょうから、難しい古典なんかに興味があるんでしょうけれど、私なんか小さいころから頭が悪いし、難しい話を聞かされてもチンプンカンプンだわ」

とおっしゃる。

「いえ、私は小さいころからそんな優秀な人間じゃありません。子どものころは気が弱くて、何をやってもダメだったんですよ。勉強は得意ではなかったし、今のあなたと一緒で、いつもテレビばっかり見ていたんですよ」

と言っても、

「またご謙遜でしょう」

と、信じてもくれない。

ところが、演芸コーナーで昔のテレビの主題歌を歌ったりすると、

「本当にテレビっ子だったんですね」

と、ようやく信じてもらえるのだ。実際、勉強を一生懸命やっていたら、主題歌やコマーシャルソングなんか覚えられない。こんなこと、自慢にはならないかもしれないが、私ほど昔のテレビの主題歌を知っている人はいないと思う。ということは、それだけテレビを見ていたということである。

だから、それを証するために、ときどき演芸コーナーでテレビの主題歌を一番から三番まで完璧に歌ってみせるわけだ。とくに「七色《なないろ》仮面」なんかは得意中の得意で、「ラン探偵！　貴様から真っ先に焼き殺してやる！」、「あっ、おまえはミスターブタ－ンか」、「ラン探偵の運命やいかに～」という最後の台詞までバッチリ覚えている。そのほか、印象に残ったドラマのシーンを克明に再現したりするので、肝心要の講演がなかな

か進まない。

でも、そういう証拠を見せて聞かせてさし上げると、さすがの自称テレビ人間のみなさんも納得して、『老子』や『易経』の講義を、身を入れて聞いてくださるのだ。「テレビっ子だった深見先生でも古典を理解できたんだから、私だって」と思ってくださるのだが、テレビっ子だったということは要するに、勉強に集中できない子であったということであり、ムラ気の子どもだったということである。別にオーバーに言うつもりはないが、とにかく私は子どものころ、一つのことを最後までやり遂げることができなくて自信がもてず、そういう自分にコンプレックスを感じていたものである。

その私の悲しいエピソードはおいおい語るとして、本題に入っていこう。

文科系タイプは意志が弱くムラ気が多いが……

さて、性格を変えたいという場合、もっと意志の強い人間になりたい、もっと根気と忍耐力のある人間になりたい、というのが普通で、もうちょっとひ弱な人間になりたい、軟弱な人間になりたいという人は滅多にいない。

私もそうだった。どんな苦難をも乗り越えていく雄々しくたくましい人間になりたいと、いつも願っていたものだ。

ところで、かなり乱暴な分類になるが、人間を文科系と理科系とに分けると、理科系タイプにはコツコツ努力する人が多く、目標を決めたらピシッと意志を貫き通すのはたいてい理科系タイプだ。何かにつけてまじめに努力するから、もちろん勉強もよくできるし、仕事をやっても手を抜くことはしない。

そこへいくと文科系タイプは、強い意志がなかなか持てない。非常に気分にムラがあって、気分が乗ったときは一生懸命努力するものの、ちょっと何かがあるとすぐに投げ出したり、飽きてしまって最後までやり遂げることがない。何をやっても中途半端で、一つの目標を定めたらわき目も振らずに一目散、ということはほとんどない。それが文科系人間の特色であると言ってもいいだろう。だからと言って、これがすべてよくないことかと言うと、必ずしもそうとは断定できない。

というのも、フラフラしているということは、それだけ情緒があり、芸術性に富んでいる証明でもあるからだ。無論、情緒も芸術性もなく、ただフラフラしているだけの、根なし草のようなダメ人間もいるにはいる。しかし、芸術を指向する人はだいたいフラフラしているもので、フラフラしている中でパッとひらめきを得たりするわけで、実験室の中で毎日、決まったペースでコツコツと作品を仕上げていくなんて話は聞いたことがない。

そもそも、人間の情緒とか芸術というのは、計算づくで割りきれるものではない。その割りきれない人間の情感を、ああでもないこうでもないと分析したり表現したりするのが文科系の学問である。文学や心理学はその典型だが、そういう学問を志す人に、人づき合いがよく、お話が好きで、人間が好きで、人類はみな兄弟というふうなタイプが多くなるのは当然である。

勉強しなければと思っても、友達から電話がかかってきたら、つい一時間も電話したりしてしまう。マンガを読み始めたら、勉強を忘れてつい没頭してしまう。そんなタイプが多いのも文科系の特色である。それくらい情緒的なのが文科系人間の特色なのだが、情緒的というのはあまり良く見られないのが普通だ。気分にムラがある、意志が弱い、忍耐力がない、集中力がない……どうしても軟弱で女々しいイメージがつきまとうのは否めない。

ところが、文科系のいいところもある。その一つに、最終的に理科系の人たちを統率するのは文科系の人だ、ということがある。日本でもアメリカでも、物理学者だの数学者だのという理科系の人が総理大臣や大統領になったためしがない。いつの時代も、国のトップに立つのは文科系人間である。

とは言っても、文科系の人なら誰でも理科系の人を使い回せる、というものでもない。理科系も文科系も乗り越えたところまで行った文科系の人だけが、やはり人の上に立って世の中をリードしていくわけだ。

まあ、世の中をリードするしないは別として、ムラ気という弱点を転じて、多面的、かつまた多角的な能力と才能を発揮できる可能性を秘めている点では、理科系人間より文科系人間のほうが上である。

ものごとにはすべてプラスマイナス両面がある。意志薄弱でムラ気の文科系タイプにも必ずプラスの面があるし、まじめにコツコツ努力していく理科系タイプにも必ずマイナス面がある。要は、それをいかにコントロールし、常にプラスの面を出せるようになるか、であって、最初から意志薄弱人間はダメ人間であると全面否定したら、これはもう立つ瀬がない。

もちろん、いい面をより引き出していくには、自分の弱点である意志の弱さを克服しなければならないのだが、その前にまず、軟弱な自分にもプラスの要素があるんだ、コツコツタイプの人には真似できない素晴らしい内面性があるんだと、自信を持つことである。その自信を持たず、ただ単に自分はダメだ、ダメ人間だ、だから性格を変えたいんだというのでは、変えていくだけのエネルギーが湧いてこないはずだ。

ということで、自分のいいところと悪いところをしっかりわきまえた上で、どうやったら意志の強い人間、雄々しい人間になれるのか、ということを考えていきたいと思う。

好きなことを徹底することから集中力が身につく

すでに述べたように、私は典型的な文科系タイプで、一つのことを最後までやり遂げることのできない、気分にムラの多い人間だった。

今でこそ私は、絵も描けば作曲もし、演奏もする。そういう現在の私を知っている人は、多分、子どものころから集中力があり、一つのことをやり始めたらどこまでもやり通せる意志の強い人間だと思っているかもしれない。

しかし、昔の私はそれとはまるで逆。超が付くほどムラ気、移り気の激しいタイプだったのだ。と言ったところで、信じてもらえないかもしれないが、人工的努力によって、私はこれを克服したのである。

それにしても、このムラ気、移り気は何とかならないものだろうか……。これが子どもの時分の私の悩みであった。

小学校のころ、勉強のできる子を見ては、どうしてああ勉強ができるんだろうと、不思議でならなかった。きっと、いい下敷きを使っているから勉強ができるんだと思って、できる子の下敷きと同じのを揃えたけれども、やっぱり全然ペケだった。筆箱だろうかと、筆箱も揃えたし、カバンも同じのを揃えもした。全部同じのを揃えたけれども、当たり前のことながら、全然成績は上がらなかったのである。

しかし興味のあることにだけは夢中だった。バッタやコウモリの捕り方は実に上手だったのだ。ピカ一の同時通訳者として有名な松本道弘先生も、子どものころは同じようなことをして遊んでいたらしい。

松本先生は大学では柔道をやってらして、大学卒業後は日商岩井に就職。証券部で七年間働いていらっしゃった。それから、あるとき突如として目覚めて、独学で英語を勉強された。その後、アメリカの大使館の同時通訳になられて、今では著書も数十冊もある。

それだけの実績を残しているすごい先生でも、昔をたどればごくごく普通の人だった。だから、元普通同士で二人は意気投合するのだが、松本先生も、高校時代や大学時代は、スズメを巣箱から取ってきたりしていたという。

私はというと、小さいときにはゴム銃でスズメを撃ち落としたものだ。スズメというのはこちらを発見するとすぐに逃げる。見つかったら最後、絶対と言っていいほど捕れないのだ。そこで、どうしたらスズメが捕れるか、私なりに研究した。その結果、葉っぱの陰にスズメがいるところを、葉っぱ越しに狙ったら捕れるということがわかり、葉っぱに映るスズメのシルエットを狙ったら、みごとに捕れた。月に何匹も捕った。

今でこそ私は、会社で月間の売上目標を立てているが、当時の私の月間目標はスズメだったのである。そのあと、標的とする動物がいろいろと変わっていって、カエルとか、トンボとかも捕りまくった。

興味のあることには、スズメ捕りでも、コウモリ捕りでも夢中になるし、テレビの主題歌もいくらでも覚えられる。けれども、本を読み始めると、なんかクラクラッと眠くなる。感性はついていくのだが、知性がついていかないのである。

これをどうやって克服するかと悩んだものだ。受験でも苦労した。今のごく普通の生徒諸君のレベルもよくわかるのは、私がそうやって苦労した結果である。

「君たち、なかなか勉強に集中できないんだろう。面白いテレビ番組があると、勉強しなければと思っても、ついつい見ちゃうんだろう」

と言うと、

「どうして先生、わかるんですか」

と、びっくりするくらいだ。

「先生にはわかるんだ、自分がそうだったからね」

と言って初めて、なるほどと納得してくれる。自分がそうだったから、普通の生徒の気持ちがよくわかるのである。

話題になった『「超」勉強法』という本で、野口悠紀雄さんも「興味のあることからやれ」と書いておられるが、まったくそのとおりである。興味のないことをやっても結局、途中で投げ出すのが関の山。苦しい思いをしても、ほとんど身につくことはない。

それどころか、最後までやれなかったことが心の傷として残り、「ああ、やっぱりおれは意志が弱い」とますます劣等感を深めることになりかねない。そんなつまらないことにならないためにも、ムラ気、移り気を否定するのではなく、いったん肯定した上で、興味のあるもの、関心の向くものにチャレンジしていくのが、意志の弱い人にとって最上の策ではないかと私は思う。

しかし、ただ単にムラ気で移り気なだけでは、何をやるにつけても、最後までやり遂げることはできない。やはり、それ相応の集中力が必要である。

そのためには、とりあえず今、夢中になれることを徹底的にやることだ。スズメ撃ちでも、蛇捕りでも何でもいいが、やる限りは半端ではなく、日本一、いや世界一のスズメ撃ち、蛇捕りになるつもりでやるのだ。そして、最後まで必ずやり遂げる。そうすると、自然と欠けていたはずの集中力が身についていて、他の分野でも集中できるようになるのである。

いくら言われても直らない移り気をどうするか？

ところが、文科系の人はだいたい、そこに至る前に行き詰まる。私もそうだったけれど、このタイプの人は、非常にムラ気で、移り気で、何でも嫌気がさす。持続的精神の集中がないのだ。私も学生時代、学校の先生から、

「君、持続的精神の集中が足りないんだよ」

とよく言われたものだ。

そんなことはわかっているんだけれど、なかなか直せるもんじゃない。それに比べると、理科系の人はムラ気がないし、移り気ではない。

予備校の理科を担当している先生も、昔、学校の先生が私に言ったようなことを言っているので、面白いものだなと思った。この場合、先生自身が理科系でムラ気なし、移り気なしなものだから、文科系の生徒がなぜムラ気なのか、なぜ集中力がないのか、わからないのである。

私はしかし、そういう生徒さんを見ていても、

「そうだろう。そうだろう。君の気持ちはよくわかる。しかし、君はまだ偉い。私はも

っと移り気で、ひどかったぞ。君は私よりよほど集中力があるんだから」

と思ってしまう。でも実際、そうやって中学生や高校生の時に、ひとつのことに集中できるからと言って、そういう人がみんな、日本や世界を動かすような人になるかというと、そうとは限らない。さりとて、集中力がなければ、ただの移り気で浅い人間にしかなれない。だからこそ、多くの人が、「性格を変えたい。集中力を身につけたい。意志の強い人間になりたい」と考えるのである。

ムラ気・移り気の人は、多芸・多才の人になりうる!

繰り返しになるが、このなかなかやっかいな悩みを克服するには、自分のムラ気、移り気を、「ああダメだ、ダメだ。何とか理科系タイプにならなくちゃ」と悩むだけではだめなのだ。

私もよく学校の先生から、

「君ねえ、その飽きっぽい性格、もうちょっと直したらどうなの」

と注意されるほど集中力がなかったが、今は立派にと言ったらおかしいが、誰よりも集中力があると断言できるくらい、かつての性格を克服した。

どうやって克服したかと言えば、「この性格はよくない」という気持ちをまず克服したのだ。いわゆる観念外しというやつで、「これはこれでいいんだ」と思うようになった。ただしこれは、あとで勉強するようになってからわかったことで、その当時はよくわからなかった。ただただ、ひたすら悩み続けるだけだったのである。

はっきり言って、ムラ気で、移り気で、嫌気がすぐさすというのは、マイナス的な表現でしかない。ムラ気で、移り気で、嫌気な人というのは、これが逆に働いてプラスの方向に変わると、多面的な人格、多芸多才、多角経営の要素になるのだ。一概には言えないが、多角経営の人、多面的な人物は、一つのことに熱中する人よりも大成功する可能性を秘めている。一つのことではすぐ飽きてしまうという面を、長所に転ずることができれば、大成功を収めることだって夢ではないのだ。

逆に言えば、多才、多芸、万能な人は、基本的にその心の奥に、ムラ気と移り気と、一つのことをやったら嫌気がさすという傾向がある、ということでもあるわけだ。

ここに気がつくのに、私もずいぶん時間を要した。しかし、気がついてみると、自分の短所と思っていたところが、かえって長所でもあるのだと、大いに自信を得ることができたのである。

移り気の普通の人は中庸《ちゅうよう》の徳を備えている？

文系には文系の長所が、理系には理系の長所がある。ただし、長所は逆に短所、弱点にもなる。たとえば、多芸多才ということでは文科系のほうがすぐれているが、受験勉強という限られた分野では、一つのことに集中して努力できる、コツコツタイプの理科系人間のほうが有利で、ムラ気の文科系人間は不利になる。

しかし、全世界文科系人間の代表者として言わせてもらうと、持続的精神の集中ができる人、たとえて言うなら大学の先生とか、どこかの研究所の研究者は、一ワーカーにすぎない。一つのことをずっとしていて、ほかに何もしたいと思わないというのだから、言わば職人さんなのだ。大学の先生は、みんなその職人だ。

一つのことをずっとやれる人というのは、これ、持続的精神の集中がある。一つのことを最後までやり遂げ、成就させるのだから、そうでない人から見たら、まるで神様のような人である。

しかし、持続的精神の集中も、マイナスに作用すると頑固、偏屈、ワンパターンになる。これは「単純」と言ってもいい。一つのこと、一つの考え方に集中できはするが、「これは絶対だ」、「私はやり通した」という思いがあるから、やり遂げられない人の気持ちにはなれない。なぜできないのか、それがわからない。ムラ気、移り気、嫌気の気持ちが理解できないのである。

ところが、成績が真ん中以下の子どもは、ムラ気、移り気の激しいタイプだ。成績が中ぐらいというのは、優秀すぎず、悪すぎず、ほどほどということだが、悪く言えばいい加減、中途半端。だが、これを善意に解釈すれば、中庸の徳を存しているということになる。

もちろん本人の努力が必要だが、中途半端を克服できた元移り気の人は中庸の徳を得ることができる。そうすると、ムラ気、移り気の人たちに対しては、とてもいい教師になることはできる。文科系の人は、努力すればそうなれるのである。ただし、その手前で、「集中力をつけたい、でもつかない」と悩んでいるだけでは、時間がカラ回りするだけだ。

まず、自分のムラ気な性格を肯定して考えよ！

「性格を変えたいんですけれど」と、私のところに相談に来る人は、だいたい今言ってきたようなムラ気、移り気の文科系のタイプだ。しかし、そういう人でも、まったく精神の集中がないかと言うと、案外そうではない。たとえば、御飯を食べたり、恋人とデートするにはどこが最適かと、一生懸命、公園の本で調べたりとか、こういうときには持続的精神の集中がある。人間なんてだいたいそういうようなもので、何か得意なところ、大好きな分野、楽しいことは誰でも集中できる。集中するなと言っても集中するものである。

しかし、意義あることをするときは、すぐに飽きて、あちこちに気を散らす。別にデートに意義がないとは言わないが、勉強や仕事などやらなければならないことになると、ムラ気がむくむくと頭をもたげてくるのが、文科系タイプの特色である。

これはやり方を変えたらいい。ムラ気はいいんだ、移り気はいいんだ、嫌気がさすのはいいことなんだと、思い込んでしまうことだ。私は文科系特有の妙なる美徳を持っているから、やりようによっては多芸多才で万能になれる、多面的人格を持っているんだ、経営者になったら多角経営ができるんだ。そういうふうに思って、否定的に考えないことだ。

試験で失敗するのは集中力の差じゃない！

しかし、自分を肯定するだけで、ただムラ気、移り気に安住していていいかと言えばそうじゃない。いつも世間の真ん中あたり、学校の真ん中あたりにいて、「ああ私は中庸の美徳がある」なんて喜んでいたって、ちっともありがたくはないに決まっている。

とくに受験生はそれではダメだ。受験生にとっては、どこまで成績が上がるかが課題である。そのためには集中力が必要不可欠、というのが世間一般の考え方である。集中力さえあれば受験は突破できるんだ、ということで、集中力は言ってみれば万能薬のように考えられている。だから、「性格を変えたい。集中力をつけたい。そうすれば、いい大学に受かるはず」ということになる。

ところがどっこい、そうは問屋が卸さない。集中力信仰には大きな落とし穴があるのだ。持続的精神の集中があったら受験に合格できる、というものではないのである。

これは、私が発見した真理だが、どうしたら合格するかと言うと、勉強の絶対量が多かったら合格するのだ。英単語を覚えるとか、やりこなした絶対量。それによって合否が決まるのであって、精神が集中していたかどうかではない。英単語をどれだけ覚えたかという量、問題集を何冊こなしたのかという量、数学を何題解いたのかという量、英文もどれだけ読みこなしたのかという量。その量が多かったら合格するし、少なかったら失敗する、というだけのことだ。

そもそも、いくらムラ気で、移り気で、嫌気がさす人でも、「始め！」と号令で試験問題に取り組んだら、途中で、「あしたのおかずは……」なんて考える人はいない。ムラ気とか、移り気と言ったって、試験場へ入って「始め」となったら集中するわけだから、勝ち負けは集中力にはないことがわかる。

問題は、試験に臨むまでにやりこなさなければならない勉強の絶対量を、いかに一年、あるいは二年でこなすのか、ということだけだ。だから移り気の人、ムラ気の人、嫌気のさす人は、その自分の性格に合ったように勉強の絶対量を増やせばいいわけである。簡単なことなのだが、なかなか気づかないことである。

集中力のない人はこうして勉強しよう

その点、前にも書いているように、私のムラ気は半端ではなかった。その半端ではなかったことが私にとって幸いだったのだろう、私は自分の性格を変えようと思わずに、自分の性格に合った勉強法を見つけることを考えたのである。

それで、私は何をしたかというと、ムラ気で、移り気で、嫌気がすぐさすので、勉強の絶対量を増やすために、勉強の場所を変えたのだ。つまり環境を変えたわけである。

次に、意識を変えた。集中力がないことを嘆かないことにしたのである。集中力がある人とは理科系だ、私は文科系だからこれでいいんだと、意識的に意識を変えたのだ。

環境を変える、というやり方から、まず説明しよう。みなさんもこのやり方なら、性格を変えなくとも勉強量を増やせるはずだ。

私もそうだが、ムラ気で移り気な人はだいたい、勉強を始めるとすぐにトイレに行きたくなる。帰って来ると、一度は机に向かっても、すぐ横になりたくなる。みなさん、心当たりがあるだろう。

そこで私は、トイレには英単語帳を置いておき、トイレに行ったらそのたびごとに、単語を一〇個覚えることにしていた。

それから、勉強部屋には、どうせ横になるのだから枕のところに教科書を置いておき、寝る前に一〇分だけ読む。一〇分読んだら、それ以上読まないで寝てしまう。

そんなバカな、と言うなかれ。受験生というのは何年間も勉強ばかりしているのだ。一日一〇分しか読まなくたって、三日で三〇分、一月で三〇〇分、つまり五時間になる。トイレの単語だって、一日五回トイレに行けば、五〇個暗記することになる。一〇日で五〇〇だ。

これを習慣づけることが大切だ。私はお風呂に入るときも耐水性のカードを置いたりもした。古語、助動詞の活用も声を出して覚えたものだ。あるいは歴史年表にしても、「八一〇年、薬子の変」とか「鳴くよ（七九四）ウグイス平安京」といった具合に次から次へと覚えていった。まあ、「鳴くよウグイス平安京」なんか誰でも知っているが、そのほか「白紙（八九四）に戻した遣唐使廃止」。八九四年に菅原道真《すがわらのみちざね》公が、遣唐使はもうこれ以上しても意味がありませんというので、検討し直そうと言って戻したのが西暦八九四年。そうやって覚えたおかげで今でもスラスラ言えるが、もう何十年も前にお風呂の中で何度も何度も復唱したことが、たまらなく懐かしく思い出される。

今でも鮮明に覚えている。耐水性のカードを作って、湯船にプカプカ浮かべながら覚えたものだ。三〇年たっても記憶しているということは、よほど印象が強かったということの証明である。そのまま真似をしろとは言わないが、ムラ気、移り気の人には参考になるはずだ。

その反対に、机に座ると勉強できず、いつもボケーッとしていた。そして、ボケーッとしながら英気を養っていた。そのクセが身にしみて、いまでも机に座るとボケーッとしたくなるが、反面、キッチンに入ったり、プラットホームで立つと、いろんなことを覚えたくなって、どうにも落ち着かなくて困っている。

通勤・通学時間は天才になるチャンスだ

東京へ通勤しているサラリーマンの中には、「通勤時間が二時間もかかって大変ですよ」と嘆く人がいる。

私も大学時代、一時間半から二時間かけて通学していたから、その気持ちはわからなくはない。しかし私は、ことあるごとにこうアドバイスすることにしている。

「通勤時間が二時間かかるって？　あっ、あなたは天才になれる。少なくとも、天才になる要素を天からいただいている」

「は？　通勤時間二時間が、ですか？」

と聞き返されたりするが、私だったら、通勤時間二時間、大歓迎である。なぜか。往復四時間の間は絶対に外へ逃げられないからだ。通勤電車はだいたい満員電車と相場は決まっている。だから、電車の中で行ったり来たりもできない。当然のことながら、二時間、吊り革にぶらさがりながら、ウォークマンで英会話など、いろいろ聴くこともできる。席に座れば座ったで、することがないから新聞や雑誌、単行本を読むしかない。

つまり通勤時間の車内は、安定した勉強時間の確保の場として使えるのである。だから、通勤・通学時間が長い人は、神のおかげで偉大なる文科系人間になる要素がある、というわけだ。

ところで、私のカバンの中にはいつも八種類の本が入っている。おトイレに入ったらこの本、レストランへ行ったらこの本、電車に乗ったらこの本、待っている時間はこの本と、そのときそのときに応じて読み分けているのだ。それというのも、一冊の本だけ読んでいると私は飽きるからである。

小説を読んでいたら評論文が読みたくなる。評論文を読んでいたら、今度は学術文を読みたくなるし、学術文を読んだら英文が読みたくなる。英文を読んでたら、古文・漢文が読みたくなるのだから、自分の移り気とムラ気と嫌気がさすのを慰めて、満たしてあげなくちゃならない。だから、漢文、古文、学術文、英文、小説、評論文、いろいろな本を私は持って歩いて、ときと場所に応じながら、それぞれ並行して読んでいるのだ。おかげで私は、いつも新鮮な気分でいられる。気分が次から次へと移っていくから楽しいのである。

嫌気がさしたころにはほかの本を読んでいる。ムラ気のあるときにはほかのことをやっているから、非常に多芸多才で多面的な人物になっていられる。集中力のある人なら、一冊の本を熟読玩味するのがいいだろう。しかし、私のような移り気の人間にはそれはできない。本を読む、その絶対量が多かったらいいのだと割りきって、気分のおもむくままに、好きな本を読んでいればそれでいいのだと思う。

電車の中で発声練習もできる！

通勤・通学電車を、読書だけに活用しているのではあまりにももったいない。工夫次第で、いくらでも活用法があるのだ。

あるとき私は、道を歩きながら、ふと思った。待てよ、歩いているときだって、別に黙って歩くことはない。日本の道路だからといって、英語をしゃべりながら歩いてはいけないという法はない。そう思って、道を歩きながら英語をしゃべることにしたのだ。

そうすると、当然、すれ違う人が変な顔をする。何だこの人、頭がおかしいんじゃないかしら。そんな怪訝そうな顔をして、通り過ぎてから何度も振り返る人もいる。けれど、何も悪いことをしているわけじゃないから、気にすることはない。

そのうち私は、この方法を電車の中でもやってみようと思うようになった。

学生時代、私はあの甲子園球場のある西宮市の苦楽園口という駅の近くに住んでいて、大学のある京都まで二時間ほどかけて通っていた。もちろん二つのクラブをかけ持ちしていた私のこと。二時間の間ずっと一つの勉強をしていたのでは、両立できない。そこで、苦楽園口駅と京都の四条河原町駅との間を二等分し、苦楽園口駅から高槻駅までは謡曲を（大学時代、能楽をやっていたからだが）、そしてその駅から四条河原町駅までは英語を勉強することにした。英語といっても、読解ではない。発音である。大学のESSの部長をやっていた私は、立場上、発音が上手にならなければいけなかったのだ。

そうは決めても、問題は場所である。どうやって電車の中で発声練習したらいいのだろうか。座席に座って発音練習をすれば、周囲の人に迷惑がかかるだろうし、まかり間違えば、つまみ出されることだってある。さて、車内で発音練習をするにはどうしたらいいのだろう。いろいろ考えた末、たった一つ、ほかの乗客に迷惑をかけずに練習できる場所を発見した。それは、電車と電車を連結するジョイント部分だ。この空間は誰にも邪魔されないいし、いくらでっかい声で英語の発音をしても、電車の音のほうが大きくて人に迷惑をかけない。

さっそく実行に移すと、これが実にいい。電車のガタンゴトンという音でリズムを取りながら発音すると、ノリがいいのだ。ときどき、人が乗り込んでくることもあったが、その瞬間、口を開いたままで黙る。

「あんた、何やっているの？」

と言われたこともあるが、まあ、人間、気にさえしなければ、どんなところでも勉強できる。人がいなくなると、また大きな声で発声練習をして、もうそろそろ駅が近いと思ったら、何ごともなかったかのような顔をして、座席に座ったものだ（興味のある方は、拙著『下手な英語の話し方』（TTJ・たちばな出版刊）をご参照ください）。

この方法なら誰にも迷惑をかけない。あのジョイント部分は音が大きいので、自分の声を遮断できて、思う存分発声できる。だから、今でも地下鉄に乗ってジョイント部分に乗ると、ついつい大声を出してしまうことがある。習慣とは恐ろしいもので、似たような環境に置かれると、三〇年近くたった今でも、条件反射のようにすぐ声が出てしまうのだ。

考えたら私は、通学の往復のときしか勉強しなかった。机についたらいつも、ボケーッとしているか、ほかのことを考えていた。空想少年だったから、別世界のことばかり考えていたのである。空想少年は、机に座ると勉強なんかできない。だから、電車の中で、あるいは道を歩いているとき、英語を発音したり、謡曲を謡《うた》ったり、年表を暗記したりしていた。事故には気をつけなきゃいけないが、「机に向かうと、すぐほかのことに気が向いてしまう」というような人には、お勧めの勉強法だ。

眠気を追い払う絶好の方法もある

しばらく前、関西方面の電車の運転士が、仕事中に眠くならないようにというので、覚醒剤を使って電車を運転していたというニュースが報道されていた。この人は逮捕されたというが、電車の運転士に限らず、仕事中に眠くなって困るのは誰でも同じだ。

私も睡眠不足で困ることはある。しかし私は、これなら覚醒剤を使わなくても大丈夫という方法を開発した。それを紹介しておこう。

歩きながら、グーッグーッと寝ている人はいない。それから、全力疾走しながら熟睡している人もいない。どんなに眠くても、走りながら眠っている人は絶対にいない。私の講演会でも、講義の最中に寝ている人がいる。そういう人にはときに、「歩きなさい」と言って歩かせることがある。これで寝る人はまずいない。

電車の中では、ときどき私も「忍法立ち寝」を研究したことはある。これなら少しは眠れる。しかし、走りながら眠るのは絶対に無理だ。筋肉が活動すると、人の目は覚めるのである。至極当然のことだが、眠いときには歩けばいい。

私はこうして連続四十五時間書き続けた

もともと私はこういうムラ気、移り気の文科系人間だったし、今でもそうだ。だから、今もって、本を書くという作業は、私にとって難行苦行以外の何ものでもない。

何しろ、机に向かうと空想と言うか、別世界に心が向いてしまうから、原稿なんぞ進むわけがない。そういうとき私は、数人のお弟子を連れて、ファミリーレストランへ原稿を書きに行くことにしている。

なぜファミリーレストランなのか。電車内ほどではないにしても、いったん店に入ったらあちこち歩き回ることができず、いやおうなく椅子に座っていなければならない。椅子に座っていても、ほかにやることがなければ、嫌だ嫌だと言いながらも原稿をやるしかない。言わば、ファミリーレストランは私にとって、何ものにも替えがたいほど大切な書斎でもあるのだ。

そうやって私は、ファミリーレストランで二十四時間ぶっ通しで本を書いたことがあるし、今でもときどき四十五時間、一分たりとも休まず書き続けることがある。

ただし、そのファミリーレストランにしても、一つだけ困ったことがある。ご飯を定期的に食べないとファミリーレストランから追い出されてしまうのだ。そりゃそうだ。たったカレーライス一杯で四十五時間も粘られたら、お店は上がったりだ。だから、食べたくなくても朝、昼、晩と三食きちんと食べるわけだが、トーストやファミリーセットといった値段もボリュームも軽い料理をオーダーすると、ウェートレスに冷ややかな視線を浴びせられる。ステーキやハンバーグなど、値段、ボリュームともに高い料理をオーダーすると、どこか温かみのある接客をしてくれるので、必然的に量の多い料理を三食、食べることになる。

するとと、当然、おなかがふくれて眠くなる。そういうときには、パッと立っておトイレへ行って眠気を醒まし、帰って来てまた書く。しばらくするとまた眠くなるから、パッとおトイレに立って眠気を醒ます。立ったと思ったら座り、座ったと思ったらまた立って、という具合に忙しいことこの上ないのだが、そうやっておトイレを自在に活用することで眠気を追い払うのである。

一緒に行くお弟子はお弟子で、自分の作業があるから、私の隣の席でそれをやっている。ところが、お弟子は七時間もすると、テーブルに突っ伏して眠ってしまう。私は二十四時間ずっと書き続けられる。

この違いのゆえんはどこにありや……。そこはやはり師匠とお弟子、自ずから修業の深さが違う、根性の入り方が違う、集中力が違う、忍耐力が違う、人生に取り組む姿勢が違う。私は七時間や八時間で眠り込んでしまうようなヤワな男ではない、と胸を張って言いたいところだが、実はそんな格好のいいことではない。眠くなったらパッとおトイレに立つかどうかの違い、たったそれだけのことなのだ。

「何だ、そんなことなの？」と笑うなかれ。ここには天地自然の深遠なる真理が隠されているのだ、と言ったらこれまたウソになるが、歩きながら寝ている人はいないという単純かつ明白な法則に気づくか気づかないか、そしてそれを応用しようという意欲があるかないか。その差が、七時間と四十五時間の違いとなって表れるのだ。

別に、私が性格が強くて、集中力があるから四十五時間ぶっ通しで原稿が書けるわけではない。短い期間に楽器の演奏ができるようになったり、絵を上手に描けるようになったりするのも、私の性格のゆえではない。ムラ気、移り気という自分の性格を知悉した上で、それに適した最良の方法を工夫するからできることなのだ。

だから、性格を変えたい、集中力をつけたいという方には、まず手始めに、やり方を工夫することをお勧めしたい。自分に適した方法で努力していれば、第三者からはその姿があなた本来の性格に見える。ああ、何と集中力のある人だろう。ああ、何と忍耐力のある人だろう。けれど、一皮むけば、単におトイレに立って眠気を防いでいるだけ。われわれの目からは持続的集中力があるように見える、コツコツタイプの理科系人間も、その実像を探れば、案外その程度なのかもしれない。しかし、「その程度」が実は、非常に重要なのだ。

そうやって工夫に工夫を重ねていけば、やがて多才、多芸、万能、多面的人格、多角経営という素晴らしいほうに変わっていくはずだ。

無味乾燥な基礎学習は、環境変化で克服できる

受験勉強をするにしても、語学を習得しようと思っても、文科系の人は一つのことをコツコツはできない。だからいいのだ。まずいのは、文科系のそのマイナスイメージばかりに目を向けて、「どうせおれはダメな男さ。集中力なんかこれっぽっちもないんだから」と、ことごとくネガティブに受け止めてしまう考え方であり、観念である。偉大なるムラ気と移り気と嫌気。そこにこそ文科系人間の能力の淵源があるのであって、こ

れを人工的に乗り越えたら、文科系人間にしか持ち得ない最高に素晴らしい能力、才能を発揮できるようになる。

それには結局、やりこなす量で勝負するしかない。受験勉強なら、学習の絶対量が多い人が学校に合格するし、英語を習得しようと思ったら、読んだ英文の絶対量、暗唱した単語量、熟語量、それからスピーキングした量、ヒアリングした量が決め手になるわけだ。

しかし、そういう基礎的訓練というのは非常に無味乾燥なものだ。単語や熟語、あるいは年表の暗記といったものほどつまらないことはない。文科系人間の最も苦手とするところでもある。だが、これは避けられない。嫌でもやるしかない。自分の性格に適した方法を工夫すれば、必ずやできるはずだ。

そうやって、知識も、ヒアリングも、スピーキングも、ある程度の絶対量をこなすと、俄然、面白くなる。ヒアリングもスピーキングも上達して、カタコトながら外人とも話ができるようになると、反応が違ってくるから、非常に興味が出てくる。つまり、文科系人間の特色は、ムラ気、移り気、嫌気なのではあるが、絶対量をこなしてある程度レベルが上がってくると、興味に引き込まれるかたちで、恐ろしいばかりの集中力が出てくるのだ。

これは、文科系人間に隠された、もう一つの特色と言っていいだろう。文科系人間にはだいたい、そういうタイプの人が多いはずだ。面白いな、楽しいなと思ったり、情感が満ちてその気になれば、するなと言われたってずっと集中していられるのである。

意志が弱いから集中できないのではないのだ。

文科系タイプの人は、「ねばならないこと」ができないのである。「ねばならない」という種類の努力は基礎的なことで、無味乾燥なルーチンワークである。だから辛いし、やりたくない。やってもすぐに飽きる。そういう自分を見て、またまた「ああ、持続力がない、集中力がない」と嘆くことになるのだが、そうではない。持続力がないのでもなければ集中力がないのでもない。工夫が足りないのだ。私がファミリーレストランを活用するように、眠くなったらおトイレに立つように、環境に変化をつけて飽きる心をなだめる工夫。それを自分なりに研究していったら、無味乾燥なルーチンワークも克服できる。

そうやって、勉強の絶対量、努力の絶対量がある程度のレベルになると、非常に面白くなる。すると、勉強そのものが面白くなり、興味が持てるようになる。そこまで行ったら、ちょうど子どものころ、テレビを見るなと言われてもテレビに夢中になったように、集中するなと言われても集中する。そして、成果が出てきて、「君、すごいね」なんて言われるとうれしくなって、ますます集中し、ますます実力が上がっていく。かくして多芸多才にして、万能の人が一人、また誕生するのである。

「ねばならない」環境に自分を追い込め！

ここまで読み進まれて、だいたいおわかりになったと思うが、性格を変えるポイントを一言で言うと、「ねばならない環境に自分を追い込めばよい」ということだ。私がファミリーレストランで自らを缶詰状態に追い込むように、「ねばならない」環境に自分を追い込めば、ムラ気、移り気、嫌気、眠気をある程度、克服できること間違いなしである。

これはまあ、半分冗談なので聞き流していただいて結構だが、もし持続的な集中力がなくて悩んでいる人がいたら、青梅マラソンに参加することをお勧めしたい。青梅マラソンは別に四二・一九五キロを何時間以内で走らなければならないという基準タイムがあるわけではないし、予選もない。ただし読売新聞社が主催なので、抽選で当たらないと、正式には参加できないらしい。でも、外れたとしても、正式参加者が出発したあとから勝手に走っていく分には、文句は出ないと思う。

ともかく、参加すると決めたらまず最初に、友人、知人、家族、誰かれかまわず「私は青梅マラソンに参加します」と宣言する。行きつけの喫茶店の可愛いウェートレスとか、会社の受付の色っぽいＯＬさんとかには、必ず言わなきゃいけない。そうやって、自分を「走らねばならない環境」に追い込むのだ。

だいたい、持続力がない人に四二・一九五キロも走れるはずがない。しかし、持続力も根性も持ち合わせていないのに、何とか走り通した人を知っている。マラソンのオリンピック選手は四二・一九五キロを二時間ちょっとで走る。ところが、その人は何とか完走したものの、八時間以上かかった。参加者中、ダントツのビリだったそうだ。しかし、四二・一九五キロメートルをともかく走り通したのだから立派だ。青梅マラソンに参加しなかったら、四二・一九五キロなんか逆立ちしたって走れなかっただろう。

この話を聞いて、私も真似をしてみようと考えた。

私の場合は一〇〇メートル以上走ると、何のために走っているんだろうかと、すぐに走る意義を考え、別に走らなくてもいいんじゃないかと思って、歩くのである。私の走る距離は一〇〇メートルから、まあ調子のいいときで一五〇メートル。あとは歩いたりしているわけだ。

そういうふうな私だから、四二・一九五キロも走るなんていうのは、すごいチャレンジだ。何しろ、私は一〇〇メートル以上走れないという性格と体力だ。そんな私がどうやったら四二キロも走れるんだろうか。これはすぐにパチンと答えが出てきて、まず私の主宰しているグループ、「ワールドメイト」の定例講義で発表する。

「私は今度、青梅マラソンに参加いたします」

と。すると、

「ああ、そうですか。先生が参加するなら私も参加しましょうか」

という「ワールドメイト」の会員さんが必ず出てくる。そしたら、その人たちと一緒に「青梅マラソンに成功する会」なんていうサークルをつくって、産土様《うぶすな》（鎮守様）にもご祈願をする。そうやって、まずは目標を立てるわけだ。

そこまで宣言してしまえば、これはもう参加せざるを得ない。定例講義で発表してしまった以上は、神霊家である私としては引っ込みがつかなくなる。

「青梅マラソンの青梅を霊的に解義すると、青い梅である。青い梅は古来、体によくないとされてきた。そこで神様に祈ったところ、神様もやめておけとおっしゃった。それゆえ、今回の参加宣言は取り消します」

こんなこと、言えるわけがない。

だいたい、私が言い出すと、「私もマラソンが好きです」と言う人が次々に出てくるのだから、言い出しっぺの私はどんなことがあっても走らざるを得ない。これが「ねばならない」環境のパワーだ。「あしたから、先生、練習しましょうね」とか、「とりあえず四二・一九五キロを走ってみましょう」と周りに言われるし、せっつかれる。こうなると、ほとんど歩きながらでも、ハアハアヒイヒイ言いながらでも、ともかく走るしかない。

ああ、裸足の王者アベベ・ビキラは二時間何分で走ったんだっけ。メキシコ五輪銀メダリストの君原さんはどうだったっけ。君原さんのように首を振ってみようかな。何しろ変化がないと続かないので、一〇〇メートルぐらいを君原選手風に走ってみたり、佐々木精一郎でやってみたり、瀬古選手でやってみたり、宗兄弟みたいにやってみたり。最初のほうは宗茂、次は宗猛でやってみたり。四二・一九五キロ、いろいろマラソンランナーの真似をしながら走るわけだ。考えるだけでも、涙ぐましくなってくる。「ねばならない」環境になると、性格が弱いからできないなどと言っていられない。性格を乗り越えて、「やるぞ!」と立ち向かっていかざるを得ないのである。

そうやってマラソンに参加したら、周りにピチピチした若い人だらけ。もちろんおじさん、おばさんもいるが、たくさんの人と一緒に走っていれば自然と集団心理、依頼心が生まれる。みんなが走っているから走れるんじゃないか、という気持ちは強力な強心剤になる。追い風と言ってもいい。

「赤信号、みんなで渡れば怖くない」と言うが、みんなが走っているんだから自分もやれるんじゃないかと思いながら走っていたら、気がついたときにはゴールインということになる。一人では到底走れそうになくても、「ねばならない」環境に入ったら、案外やれてしまうものなのである。

深見式低血圧克服法

青梅マラソンはまだやっていない仮定の話。

今度は、私自身が体験した方法も紹介しておこう。

私はちょっと見たところ、エネルギッシュな人間に見えるらしい。絵もやれば書もやる、能もやれば京劇もやる。その合間を縫って神様ごともやる。無論、本業は会社の経営だが、その会社も日本に数社、海外にも数社ある。そんな私を見れば、バイタリティーにあふれるエネルギッシュなタイプに見えるのも当然かもしれない。

ところが、さにあらず。昔も今も、相当の低血圧なのである。ご存じのように、低血圧の人はほとんど、夜は遅くまで起きていられても、朝は非常に辛くて起きられない。私はその典型的なタイプで、朝風呂に入ったらパッと目が覚めるけれども、非常に朝が弱かった。

しかもAB型ときている。AB型は一般的に、睡眠時間をたっぷりとらないとダメなタイプだと言われている。同じAB型の人にはおわかりいただけると思うが、睡眠時間を十二分にとらないと、まるで頭が冴えない。それは一つの観念であるかもしれないが、実際、私はそうだった。

二〇年ほど前からは、徹夜で仕事をしたり、モノを書いたりすることが多いので、低血圧だと言ってもなかなか信じてもらえないかもしれない。たしかに寝ないでやっているときも多いが、それは意識して生来の自分を出さないようにしているからであって、生来の自分が出たら、徹夜なんてできる相談ではない。それくらいの低血圧なのである。

五段階目覚まし時計作戦の成否やいかに?

いくら低血圧で朝寝坊だからと言って、昼日中まで寝ていられるわけがない。学生であろうと社会人であろうと、朝になったらきちんと起きる。そこから一日が、そしてすべてが始まる。

しかし、ＡＢ型で低血圧の私にとって、朝起きほど辛いものはなかった。わかっていてもなかなか起きられない。

それで何度学校の先生に叱られたことか。ああ、どうしたら朝寝坊を直せるのだろうか。思えば、小さいころからずいぶんと悩んできたものだが、最終的に朝寝坊を解消できたのは大学生のときだった。

大学時代は、部員が四〇〇人もいる英語クラブのキャプテンだった。当然、キャプテンが朝寝坊でしょっちゅう遅刻しているようでは、しめしがつかない。今はもう七時には起きていけるけれども、そのころは起きられなかったから、まるでしめしがつかなかったのだ。だから、どうしたら朝早く起きられるのかという長年のテーマも、より深刻さの度合いを深めていくのは当然の成り行きだった。

そのころ、たまたまバイブルを読んでいた。と見ると、まるで「目覚まし五段階活用」というのがあるではないか。私は、受験勉強のなごりか、三段階活用だとか五段階活用というのが好きなので、何かにつけてついこういう表現を使いたくなってしまうのだが、ヨハネの黙示録に、「第一のラッパが鳴り、第二のラッパが鳴り、第三のラッパが鳴り……」というくだりがある。その一文を目にした瞬間、私は即座に、「あっ、これだ。これを活用すればいいんだ」とひらめいた。一体、何がひらめいたのか。

いまは徐々に音が大きくなる目覚まし時計があるが、そのころは、そんな便利なものはなかった。けたたましく鳴り響く目覚まし時計をパーンと手で叩けばそれっきり。あとは安心立命の夢枕。九時になっても十時になっても目が覚めない。

「あっ、これがいけなかったんだ。目覚まし時計が一個だから目が覚めないんだ。バイブルにあるように、第一の目覚まし時計が鳴り、第二の目覚まし時計が鳴り、第三の目覚まし時計が鳴りというふうに、五個の目覚まし時計をセットすれば、絶対に起きられる。いや、起きられるはずだ、起きられるかもしれない、起きられるかな」

ということで、「目覚まし五段階活用」を始めることにしたのだ。具体的に説明すると、第一の時計が鳴ったら、その後、一〇分間隔で次々と残りの時計が鳴るようにセットしたのだ。これなら都合五〇分、必ず起きられるはず。そうは思ったものの、名うての朝寝坊の私のこと、それくらいではまだまだ安心はできない。そこで工夫したのが目覚まし時計の配置だ。

五個の時計を一カ所に置くのではなく、布団から徐々に距離が離れていくように配置したのだ。そうすると、最初の一個目はもう鳴るやいなやパッと止めてしまう。そうして一〇分たって二個目が鳴ると、今度はもうちょっと距離が長いので、「ああ、ムニャムニャ」なんて言いながら這い出して、止めたらまた布団の中に入る。また一〇分たつと、もっと離れた三個目の時計が鳴り、そこまで這って行って、すごすごまた布団に戻る。四つ目が鳴るとかなり距離があるので、たどり着くのも大変だ。そして五つ目ともなると、玄関のそばで風がピューピュー吹いている。すぐに止めなければ近所から「うるさいぞ」と言われるから、寒さと使命感で必ずキッと目が覚める、という作戦を立てたわけである。

しかし、実際は覚めなかった。最後の目覚まし時計を止めるには止めるのだが、再び安心立命の夢の中に入っていってしまったのである。

苦心して編み出した作戦も、無残に失敗したのである。

目覚まし時計プラス濡れタオル作戦に！

そこでまた考えた。私の低血圧は、軟弱な目覚ましぐらいでは手に負えない。より強力な方法はないものかと考えた末、思いついたのが「濡れタオル作戦」である。

誰でも顔を洗うと目が覚める。だったら、寝る前に氷水を洗面器に入れてタオルを浸しておいて、目覚ましが鳴ると同時に顔を拭いたらいいんじゃないか。そう考えて、第三の目覚まし時計のところに洗面器を置いたのである。

翌朝、第一の目覚まし時計が鳴る。だが、リーンのリが鳴るか鳴らないうちに、私は止めてしまう。電光石火の早業だ。〇・〇〇〇〇一秒くらいだろうか。

一〇分後、第二の目覚まし時計が「リーン」。これも難なく止めてしまう。そして問題の第三の目覚まし時計が鳴る。このときの私はさすがに違っていた。これ断行せざれば武士の名折れとばかり、「エイ！」という気合もろとも、濡れタオルで顔を拭いたのである。すると、「冷たい！」という皮膚感覚が脳天まで伝わって、いっぺんに目が覚めたのは言うまでもない。作戦は大成功。

「ついにやった！　私の辞書に不可能という文字はない。私の前には道はない。道は私のあとからつくられるのである」。

私は勝利の雄叫びを上げ、しばしの感動にひたっていた。そして思った、これはノーベル賞ものの発明発見ではないか、と。

目ざまし五個と洗面器と氷とタオル、たったこれだけで重度の低血圧性寝坊に苦しむ世界中の何十億人もの人が救われるのだ。ついに私は、大学生の若さにして人類救済の大目的において、大いなる一歩を踏み出したのである、と。

そこで、これを企画書にして実用新案特許を取ろうと考え、服を着ようとしたところまではよかった。ところが、情けないことに、ズボンをはきながら私はまたしても寝てしまったのだ。結局のところ、これでも低血圧は克服できなかったのである。

聞くも笑い、語るも笑いの物語だが、そのとき、私は本気で特許の取得を考えていた。アルバイトを雇えばどうか、とも考えた。

でも、やっぱりそれではダメだった。目覚まし時計に頼ったり、濡れタオルに頼っていてもダメだ。やっぱり自分が変わらなきゃダメなんだ。低血圧の分だけは、意志の力、強い意志を持たねばと、当時の私は必死だったものだ。

一念発起！　新聞配達を始めた

かくして私のたどり着いた結論は、朝早く起きざるを得ない、「ねばならない」環境に自分を追い込むしかない、ということだった。では、具体的には何をやればいいのか。いろいろ考えた結果、毎朝早く起きなければならない仕事に就こうと決意したのである。

牛乳配達、新聞配達、ヤクルトのおばさん……朝の早い仕事は、数は少ないものの、あるにはある。だが、ヤクルトはおばさんたちの専有事業みたいなものなので、これは無理。選ぶとしたらさしずめ牛乳配達か新聞配達といったところ。けれど、牛乳配達は重そうで、自転車がコケたらえらいことになる。たまたまそう考えたときに、ガチャンと音がした。何だろうと外を見ると、そこには牛乳配達のおじさんが転倒していた。道には割れたビンから牛乳がこぼれている。

「ああ、無理無理。ぼくなんかには到底できやしない。あんな頑強そうなおじさんでもコケるんだから、ひ弱なぼくなんかがやったら、両足骨折で入院するハメになる。それより新聞配達のほうが安全だ。たとえコケてもビンが割れるようなことはないんだから」。

まあ、軟弱なことこの上なしといったところだが、当時の私はそういう男だったのである。

ということで、消去法で残った新聞配達をすることに決め、芦屋のすぐそばの朝日新聞の配達所に行った。

その日はいまでも覚えている。大学四年の十二月二十六日、とても寒い日だった。それまでは、私は自慢じゃないが、下半身がいつも冷え性だった。冬になると早々と両親が、「これを着なさい」と言って長袖シャツ、「はい、これもしなさい」と言ってズボン下をよこす。要するに、最後の砦のパッチを履いていたくらいの冷え性だったのだ。

低血圧にAB型に冷え性と、私は朝起きられない三冠王である。こんな人間が新聞配達を冬に始めようと言うのである。

しかし、私は本気だった。

こんなこともできない人間は、将来、神様の御用には役立たないではないか。低血圧のAB型で、朝が起きられないような人間は、神様の御用には役に立たないんだからと、発願《ほつがん》したのだ。神様のためだったら私はやれる。神の御用に役に立つようになるためなら、もう凍傷になろうと冷え性ぎみでも何でもいい。運動するのだと思って、ランニングウェアをまず買いにいった。それも安物だったらすぐやめるから、目いっぱい高いのを買うことにした。

そのときに買いに行った店が、阪神の故村山監督の経営するスポーツショップだったのである。

「トレーニングウェアをください」

と言うと、村山さんがたまたま出てきた。開店早々だったからだろうが、

「どの色がいいでしょうかねえ。あなたはハナ紺がいいでしょう」

と勧めてくれたので、そのとき初めて、紺にハナ紺という色があると知った。紫がちょっと入っている紺がハナ紺。村山さんが選んでくれたトレーニングウェアを着て、「ああ、神様の証だ」と思ったものだ。「村山実……、ああ、この発願は実るんだ」と確信したのである。

日の出より早く起きたら、私の勝ち

それからというものは、毎日朝日と勝負した。日の出よりも早く起きたら私の勝ち。太陽のほうが早く出たら太陽の勝ちと、自分でルールを決めたのだ。「起きよう！」と自分に言い聞かせてもダメなのは経験済みだから、「勝負をかけろ！」と言い聞かせたのだ。

「ねばならない」環境に追い込まれたとき、一体どうすべきなのか。ただ追い込まれただけでは絶対にダメ。逆にこちらから追い込んでいくぐらいの気概が必要だ。だから私は、朝日新聞に引っかけて、朝日との勝負に出たわけだ。朝日より早く起きたか、遅かったかということで、日の出の時間を見ながら、毎朝、戦っていくことにしたのである。

最初に配達所へ行ったとき、

「大丈夫ですか、続くんですか」

と、新聞所の人に言われた。そこで、

「私、朝起きるのが趣味の人間です」

「ああ、それならいいですね」

「ここ一〇年間、ずっと四時です」

と、ウソを言った。もう早起き霊界をつくろうと思ったのだ。ところが、その会話をそばで聞いていた配達のおばさんが陰険な顔で、

「一〇年間ずっと四時起きなんて、本当かねえ」

と、厭味を言う。こんちきしょうと思うが、それでもまた「ねばならない」環境ができたんだと受け止めて、それを逆に楽しみにした。

そして、いよいよ配達初日。始めから躓《つまず》いていたのでは話にならないから、さすがに緊張した。失敗しないためには、前の晩、早く寝たらいいのだが、もしものことを考えて初日は徹夜することにした。一睡もしなかったのである。無論、朝日との勝負は勝ちである。「今日は勝った。◯」と。

ところが、前の晩、徹夜したものだから、配達が終わったら急に睡魔が襲ってくる。ああ、眠い、少し眠ろうか。そうも考えたが、中途半端に昼寝をしたら、夜になったら眠られなくなる。これは怖い。ということで、初日はフラフラになりながらも一日、何もせずに起きていた。自分の性格を変える、強い意志を持つ。それだけが勝負だから何もしないで、ただただ歩いたのである。それでもうギリギリの限界に達したとき、バタ

ッと寝た。時計は夜の九時を指していた。

当然、翌朝は四時に起きて配達所へ行く。早く寝るから早く目が覚めるわけで、そのときは三時ぐらいにはもう目が覚めた。

かくして、二日目も勝利を収めたのである。

冷え性から脱却できた！

ところが、三日目からがもう大変。非常に寒くて、辛さばかりが感じられるようになったのである。

六甲おろしが吹く中で、最初は肌を刺すようなランニングを二時間した。五階建てのビルディングを上がったり下がったりもした。

一番寒いときに始めたので、一週間ぐらいで顔が擦り切れたけれど、体は強くはなった。それ以来、私は今日まで、真冬でもランニングとパンツだけで、長袖も着たことがない。春夏秋冬いつも同じで、寒くても平気、暑くても平気だ。「平常心、これお肌なり」という感じで、私のお肌は常に平常心。春夏秋冬いつも同じ下着で通している。

こうやって私は冷え性からも脱却できた。これは早起き作戦の成果のおまけだった。もちろん、毎朝、楽々とできたわけではなかった。集配場の厭味なおばさんに、「遅いじゃないですか」と言われたこともある。そういう日は、私は自分の負けとカウントした。「今日は負けた。×」と。

トーナメント方式で勝負すると、一度負けたらおしまいなので、プロ野球のように勝敗で数えるようにして、一年間、打率でだいたい八割、四時から五時に起きてがんばった。

アルバイトをするんだから、もちろん配達店はお金をくれる。けれど私は、お金が欲しかったのではない。一年間は自分の修業だと思ってこれに挑戦したので、金銭なんか関係ない。お金を出す人はシビアだから、そういうシビアな、「ねばならない」環境に自分を追い込むということでやったのだ。

目覚まし時計五つセットしても起きられない、濡れタオルでもダメだった人間が、新聞配達をやらざるを得ないようになってから、冷え性も克服し、ランニングのおかげで体が元気になったのである。

性格を変えるためにはどうするか、というのがこの章のテーマだ。

こういうやり方で、性格はもとより、体質も変えることができるということで、私の体験を紹介させていただいた。それをもう一度整理すると、

一　自分の弱点を必要以上に否定しない。プラスに転化できれば素晴らしい才能、能力が開花する可能性があると思い込む。
二　興味のあること、面白そうなことから始める。
三　自分の性格に適した方法を工夫して、無味乾燥なルーチンワークを乗り越える。
四　「ねばならない」環境に自分自身を追い込み、苦手意識を克服する。

これらの方法で私は自分の殻を何度も脱皮してきた。私でもできたのだ。みなさんができないわけがない。

次の章では別の角度から、性格を変える方法について語ってみたい。

第二章　観念を破って、新たなる自己に目覚める法

菜食主義で朝起きになったけれど……

低血圧とAB型の体質プラス性格を私が克服できたのは、ねばならない環境に自分を追い込んだからだった。しかし、それだけではない。

途中でめげそうになったことは、何度もある。そういうときに私は、別の方法も試して、実際に効果を上げることができたと思っている。それは菜食主義だった。

朝に弱い私にとって、どうしたら短い睡眠時間でも健康を保ち、元気ハツラツとしていられるか、というのが一番重要テーマだった。それにはどうしたらいいのか、いろいろ考えた末に思いついたのは、筋肉を強くするということと、血液のペーハーを七・四ぐらいに維持する、ということだった。

ご存じのように、血液が酸性に傾くと疲労しやすくなるが、それは、細胞組織に乳酸が溜まるからである。だが、血液のペーハーをアルカリに保っていれば、疲労の原因物質である乳酸が分解される。そのため、たとえ睡眠時間が短くても、細胞組織に乳酸が溜まることがないので、すぐに体力が回復する。

私が菜食主義になったのは、そういう話を耳にしたからだが、実際、それ以来、短い睡眠時間でもすぐに回復できるようになった。だからもう、菜食主義こそ人類救済の道である、というくらいに信じ込み、すっかり菜食主義の虜になってしまったのは言うまでもなく、それは大学を卒業するまで少しも変わることがなかった。

しかし私は今、読者のみなさんに菜食主義をお勧めするわけにはいかない。その後、菜食主義は間違いで、単なる思い込みであることに気づいたからである。

営業マンはコーヒーしか飲んではいけない？

大学卒業後、私はある大手住宅メーカーに就職し、営業マンとして働くようになった。来る日も来る日も営業先を忙しく回り続けていたある日のこと、一人の先輩から、

「ちょっと喫茶店に行ってコーヒーでも飲もうか」

と、私を含め新入社員数人が誘われた。正直言って、あまり気乗りしなかったのだが、先輩からの誘いとあっては断るわけにはいかない。誘われるままについて行くと、

「おれがご馳走するから何でも頼め。おれはコーヒー。お前たち、何にする？」

ほかの新入社員も口々に、

「ぼくもコーヒー」

と言う。ところが、菜食主義の私はコーヒーなんか飲むわけにはいかなかった。コーヒーに含まれるカフェイン、あれは胃によくないし、砂糖はもっと悪い。即座に血液を酸性にしてしまうと思ったからだ。

さて、どうしよう。考えあぐねている私に先輩は、

「おい、お前は何にするんだ。早くしろ」

と催促する。

「はい、ミルクセーキをお願いします」

私としては素直な気持ちで言ったまで。別に奇をてらうつもりはなかったが、先輩は突然、怒ったような顔をしてこう言った。

「君は営業マンだろう。営業マンはみんなと同じものを注文するんだ。みんながコーヒーを頼んだら自分もコーヒーか、せいぜい紅茶にしておくものなんだ」

その先輩が言うには、お客様と喫茶店で商談するとき、お客様が「コーヒー」を頼んだのに、営業マンが「私はミルクセーキにします」、「チョコレートパフェがいいです」なんて言うと、変わり者だと思われてしまう、だから、日ごろからみんなと同じものを

注文するクセをつけるんだ、ということだった。

それはわからないではないが、菜食主義者の私にとって、飲みたくもないコーヒーを飲まなければならないのは、耐えがたいほどの苦しみだった。このときほど、「すまじきものは宮仕え」という言葉が胸に染みたことはなかった。

ステーキ攻撃の苦しみに耐えて

だがこれは、私にとってまだまだ軽い試練でしかなかった。菜食主義の私が、パニックに陥るような事態がめぐってきたのである。

菜食主義者になってからというもの、私は肉を完璧に遠ざけてきた。ところが、ある日のこと、直属の事業部長が、

「お前はよく仕事をするから、わしがご馳走してやろう」

と、今でも忘れはしないが、渋谷の道玄坂のステーキハウスに連れて行ってくれたのだ。私が菜食主義であることを知らない部長は、

「さあ、遠慮は無用だ。食べろ、食べろ。どうだ、うまそうだろう」

と、さかんに勧める。私のことを気づかってくれる部長の温かい気持ちは痛いほどわかる。だが私は、目の前に置かれた血のしたたるステーキを暗澹《あんたん》たる気分で眺めるほかなかった。とても食べられない。さりとて、せっかくの部長の好意を無にするわけにはいかない。どうしたらいいんだろう。私はサッとトイレに立って守護霊《しゅごれい》さま（背後《はいご》霊団のリーダー。本人が天命に添って生きるように霊界から導く尊い存在）に祈った。

「きょう、肉食をすることをお許しください。哀れな動物たちは屠殺場でどんな悲劇に遭ったのでしょうか。あのステーキを食べると、また血液が酸性になってしまいます。しかし、部長の温かい気持ちを考えると食べないわけにはいきません。どうぞ天地の大神の御心《みこころ》に、見直し、聞き直し、私の咎《とが》をお許しください」

そう祈りながら私は、大空にため息を……室内だから大空はなかったけれど天井を仰ぎながら深々とため息をして席に戻った。

「いやあ、実にうまい。お前も遠慮せずに食え、食え」

と、部長が言う。ところが私は、サラダや野菜を食べるだけで、肉をなかなか食べようとしない。

「うん？　お前、肉は食べないのか。なぜ食べないんだ？」

そこまで言われたら食べないわけにはいかない。私は清水の舞台から飛び下りる気持ちで一切れ口に入れたが、やはりまずかった。

「どうだ、うまいだろう?」

「ええ」

ほほを引きつらせながらも、そう答えるほかなかった。お釈迦様ではないが、世の中は苦しみに満ちている。思いどおりにはいかないと、つくづく思ったものである。

牛丼の肉が私の体を変えた!

あるとき、「吉野家へ行こう」と、先輩と同僚と連れ立って牛丼を食べに行ったことがあった。当然、誰もが牛丼を食べる。吉野家には牛丼しかないのだから、それが当たり前である。その中にあって、私一人、ショウガばかりを食べる。

「おい、食べないのか、牛丼を」

と言われても、

「いいんです、ぼくは」

と、お肉をはずしてご飯とショウガ、みそ汁、そういうものばかり食べる。

「お前は変わっているな。牛丼でお肉をはずしてご飯を食べているのか。おれがおごると言っているのに、お前はおれに反抗する気なのか」

それでまたトイレに入って、

「精製されているとはいえ肉は肉でございます。牛丼を食べることをお許しください」

とお祈りをして、

「お待たせしました」

と肉を食べる。すると二切れ、三切れで顔色が真っ青になる。肉を食べたら、（あっ、血液が酸性になった。このドロッとした血液が肩に回ってきた。あっ、次第に十二指腸のほうに巡ってきているな）というのが手に取るようにわかった。信じられないかもしれないが、菜食主義で神経が研ぎ澄まされていたあの当時、肉を食べたら酸性血液が体に回っているのが全部わかったのだ。

それだけに気分の悪いことといったらなく、翌日になると肩がドッと重くなる。おまけに、それまでは植物的なラララーという非常に軽快だった声まで、ラ、ラ、ラ～というひどい声にがれている。ああ、獣のような声になってている。なってしまったと、悲しみに打ちひしがれながら電車に乗って、会社に向かったのを今でもよく覚えている。

野菜サラダもダメ

肉食の後遺症は、最低でも一週間は続いた。その間、会社には黙って私はカバンの中に松葉を裏ごししたやつを持って行って、休憩時間になるとそれを食べていた。ただでさえ変わっているやつと思われていたところなのに、松葉なんか食べていることが知れたら何を言われるかわからない。私は誰にも内緒で松葉を食べていたのだが、あるとき、カバンから松葉を取り出したところを部長に見られてしまった。

「お前、何をしているんだ」

「いや、何もしていません」

「いま、何か出したな、カバンから」

「いえ、何も出していません」

「いや、出した。何を出したか見せてみろ」

とカバンを開けられ、松葉を発見されてしまったのだ。

その松葉はわざわざ桐生から取り寄せたものだった。食用の松葉はカラマツの葉で、雌松と雄松があるのだが、雌松のほうが体に効くとされていた。実際、松葉を食べていると本当に心地いい。充実感があるのだ。

そのときの私の好みの松葉は、商品名を「松寿仙《しょうじゅせん》」といった。その名からも連想されるように、その昔、仙人たちは松葉だけで命を保っていたという伝説があり、それほど松葉は健康にいいと言われていたのだが、その言い伝えに偽りはなかった。食べ続ければ食べ続けるほど体調がよくなり、霊的にもますます敏感になっていったのである。

当時、松葉のほかに何を食べていたかというと、月曜日は玉子丼、火曜日は木の葉丼といった具合に丼ものの連続で、他人丼以外の丼は何でも食べた。肉はダメだったからだが、鶏なら大丈夫だろうということで親子丼も入れて、まるで丼シリーズだった。それ以外は、八百屋で買ってきたキャベツなどの野菜をバリバリ食したものである。

ただし、喫茶店の野菜サラダは食べなかった。郡司某という人の本を読んだからである。それによると、喫茶店では萎れた野菜をパリッとさせるために、中性洗剤を入れた水の中に漬けるのだという。一流のレストラン、ホテルなら氷水の中に入れるのだが、普通の喫茶店では中性洗剤の中に入れて、パリッとさせているということである。そう教えられてからである、喫茶店に行っても野菜サラダは食べないことにしたのは。

それでもまあ、野菜に対する抵抗感はなかった。喫茶店の野菜サラダさえ食べなければいいのだから、ほとんど問題はなかった。だが、肉類に限っては絶対にダメだった。それほどまでに菜食主義にこだわったのはなぜか。そのころ私が信じていた論理にこういうのがある。

健康を保つ上で必要な必須アミノ酸は一〇種類。そのうち二種類の必須アミノ酸は、子どもが大人になる成長期に必要なアミノ酸であり、それ以外の八種類のアミノ酸は生命や新陳代謝の維持をするために必要なアミノ酸である。したがって、成長期が過ぎて成人した人間は、動物性蛋白に含まれる二種類のアミノ酸がなくても、八種類のアミノ酸だけで十分。ゆえに菜食だけでもやっていけるんだというのが、菜食主義者の論理だった。

そういうもっともらしいところで、私も菜食主義を信じていたのである。

完全に行き詰まった私に光明が訪れた

新聞配達をやっていたころには、玄米にも凝っていた。朝六時に玄米を食べる。もちろん、玄米だけでは葉緑素が足りないので、ワカメの入ったおみそ汁なんかを食べた。しかも、一日二食だけである。今から考えると、ずいぶん偏った食生活をしていたものだとわれながら感心してしまうが、そのときはすこぶる体調がよかった。

だが、営業マンになったら玄米食を続けるわけにはいかない。会社の寮で生活しているのだから、玄米なんか食べられるわけがないし、ワカメ入りのみそ汁もなかなか飲めない。自分なりにできることと言ったら、玉子丼を食べることぐらい。しかも、お客様の接待ともなると、ときには肉も食べなければならない。レアなんて出てきたらもう最悪だし、ミディアムでもまだ赤い血が残っている。とは言え、お客様の前では野菜やパンだけを食べるわけにはいかず、血液が酸性化することを承知の上で、嫌々ながらも肉片を口に運ぶしかなかった。

かくして、営業マンになってわずか数カ月にして、私の社会人生活は行き詰まってしまったのである。事業部長にカバンの中の松葉を発見されて、「営業マンはこんなものをカバンに入れるべきじゃない」と叱られたのは、そんな折りであった。

営業マンとして仕事をしていく限り、これ以上菜食主義は続けられない。ついに私は、営業マンをやめなければならない環境に追い込まれてしまったのである。

ああ、どうしよう。どうしたらいいんだろう。私は悩みに悩んだ。半年、八カ月、いやもっと悩んでいたと思うが、ある日のこと、私は決定的な光明を見出したのである。

地下鉄のプラットホームで慧能《えのう》に出会う

私は営業マンになって以来、駅のプラットホームで勉強することを日課としていた。勉強するなら机の上が常識だが、私の場合、机に向かうと守護霊や神様にお祈りするというクセがあり、なかなか勉強できなかった。

ところが、どういうわけかプラットホームのベンチに座ると、驚くほど集中力が湧いてきて、『易経』や『大学』、『論語』など、どんなに難しい本でも次々と読破できた。だから、勉強は地下鉄のプラットホームでと決めていたのだが、営業マンとしての限界を感じていたそのころは、ちょうど六祖慧能禅師《ろくそえのうぜんじ》に関する書物を読んでいた。その出会いが結果的に、菜食主義の間違いから目を覚まさせてくれたのである。

さて、六祖慧能禅師とは、一体誰なのか。

一言で言えば、中国禅の始祖と言われる人物である。その慧能禅師との出会いが（無論、本を介してのことだが）、なぜ菜食主義との決別に結びつくのか、まるで見当もつかないと言う向きが多いだろうから、少し長くなるが解説しておこう。

新州（いまの広東州《かんとん》）のど田舎に生まれた慧能は、小さいころに父親を失い、貧しい生活の中、薪を売りながら母を養っていた。それくらいだから、学問をする機会に恵まれるはずもなく、慧能は無学文盲、もちろん字を書くこともできなかった。

ある日、慧能が道端で薪を売っているときのこと、あるお坊さんが金剛般若経《こんごうはんにゃきょう》の話をしていた。それを聞いた慧能は、ああ、ありがたいお話だなと思い、そのお坊さんに尋ねた。

「そういうお話はどこへ行って勉強なさったんですか。そういうものをもっと勉強しようと思ったら、どこへ行けばいいんですか」

「ここよりはるか北に、五祖弘忍《ごそぐにん》禅師という立派なお坊さんがいる。この方は達磨《だるま》大師さんから印伝を受けられた方だ。そこには多くの優秀なお弟子さんがいて、勉強しているよ。そこへ行けば勉強できる」

「ああ、そうですか。じゃあ、ぜひぼくもそこへ行って勉強したい」

と、母親に許しを乞い、蘄州《きしゅう》黄梅山《おうばい》の弘忍禅師を尋ねることとなった。

そのころ弘忍禅師の下には七〇〇人以上の優秀な弟子が修行に励んでおり、慧能のような無学文盲の田舎者が入門を許される可能性はほとんどなかったが、それでも慧能は、田舎から何日も何日も歩き続けて、ついに弘忍禅師にまみえる。

「入門をさせていただきたいんですが」

と、お願いする慧能に弘忍が尋ねる。

「ほう、お前はどこから来て、私に何を求めようとするのかね」

「新州から来ました。私が遠くから来たのはほかでもありません。ただ仏法を求めるためでございます」

「新州と言えば南の果て、猿がいるところだな。猿にも仏法がわかるのかな」

弘忍はこう言って入門を拒んだのだが、それに対して慧能は何と言ったか。

「人に南北ありとも、仏性《ぶっしょう》に南北なし。わが身が猿であろうと、いかで猿に悟れないことがありましょうか」

これを聞いた弘忍、

「うっ、なかなかこいつはやるな。法器《ほっき》であることよのう」

と感じ入ること甚だしく、即、入門を許可した。

だが、慧能は無学文盲、本も読めなければ、仏法についてもまるで知らない。ほかの弟子たちが仏法を勉強している中で、慧能は黙々と薪割りと玄米の精製に精を出すだけであった。

そうして八カ月が過ぎたころ、五祖弘忍禅師もそろそろお年なので、七〇〇人の弟子の中から自分の跡を継ぐ者を選ぼうと思っていた。そこで、弟子たちに、各々今の境地、どういうふうな境地で修行が進んでいるか、その境地を偈《げ》にせよと命じた。自分の到達した境地を詩にして表現してみなさい、と弘忍は問うたのだ。

そのとき、弟子の中で最もすぐれた人と言われていたのは、神秀《じんしゅう》という人だった。修行も長いし非常に素晴らしい境地にある。しかも学問も抜群だ。だから、五祖弘忍の跡を継ぐのは神秀しかいない、この神秀こそ弘忍の後継者であると、自他ともに許す人だった。

その神秀が「私が詠みます」と、即興で詩を詠んだ。

身は是《こ》れ菩提樹《ぼだいじゅ》
心は明鏡台《めいきょうだい》の如《ごと》し
時々《じじ》に勤《つと》めて払拭せよ
塵埃《じんあい》をして惹《ひ》かしむること莫《なか》れ

「私の身は釈尊が悟りをお開きになった菩提樹のように堅固であり、心は明鏡のごとく澄みきって、また台のごとく揺るぎない。時々に修行して拭き清めないと、塵埃を招いて曇らせてしまう」

と、神秀は自分の境地を示したのだ。実に自信に満ちており、己の境地を誇るかのごとくであった。そこで集まった七〇〇人の弟子たちは、どよめいた。

「やっぱり神秀だ。神秀こそ五祖の後継者に違いない」

と。ところが、ただ一人、慧能だけが異を唱えた。無学文盲の米つき雑用小僧の慧能はその場にいることを許されなかったが、米つき部屋で一人の坊さんが神秀の詠んだ偈を口ずさんでいるのを聞いて、神秀がいまだ見性《けんしょう》していないことを知った。ならばということで、自らの境地を詠んだのだが、いかんせん、慧能は字が書けない。そこで、親切な隣の坊さんに書いてもらって、

「お師匠さん、これでどうでしょうか」

と弘忍に提出した。

菩提《ぼだい》本樹《いもと》無く
明鏡《めいきよう》亦《また》台《だい》に非《あら》ず
本来《ほんらい》無一物《むいちもつ》
何《いず》れの処《ところ》にか塵埃《じんあい》を惹《ひ》かん

この詩はのちのちまで伝わる、禅の最も高い境地とされる。

その意味は、

「私の身は菩提樹なんてものじゃない。心は明鏡のごとく澄みきり台のごとく揺るぎないというのは、おかしい。身と言ったって心と言ったって、すべてのものは無から来ているんだから、どこに塵埃など集まることがあるものか」

というもので、神秀の境地に対するあからさまな反歌である。

神秀は、あからさまに軽蔑した顔をし、七〇〇人のその他大勢は非難轟々、ブーイングの嵐である。ところが、その中にあって、内心ひそかに「これだ！」と膝を打った男がいた。誰あろう、五祖弘忍禅師その人である。

どこか見どころがあるやつと思っていたけれど、読み書きもできない作男が、一門きっての才能に真っ向からタンカをきったではないか。しかも、その境地たるやずば抜けている。神秀の境地はきれいに表現されてはいるけれど、これはまだきれいごと。刻々に修行しなければゴミがたまるとか言っているが、清濁、美醜、善悪という相対の中にいる。

しかし、慧能はそういうものを乗り越えた境地にいる。悟りとしては慧能のほうが圧倒的に深い……。禅の修行は分別《ふんべつ》の知恵を乗り越えて、もっと奥にある本質的な見性を覚醒することにある。その観点に立てば、慧能の境地のほうが圧倒的に上であることを、さすがに弘忍は見抜いたのだ。

弘忍は、わしのあとを継ぐのはこいつしかいないと思った。けれども、まだ入って八カ月しかたたない新参者でもあり、無学文盲でもある。もしこいつに六祖を譲るとすると、ほかの者たちの反発を食らうだろう。そこで、弘忍は「双方ともまだまだじゃ」と評して、お開きにしてしまった。しかし、慧能に耳打ちして、「夜になったらわしのところに来い」と言ったのである。

六祖慧能禅師誕生の秘話

弘忍が弟子たちを集めたこの会は、現代に当てはめたら、次期社長を決める株主総会のようなものである。その総会が中断してしまったのだ。今ならそれぞれ派閥ごとに別れて、反省会とか称して酒でも飲んでいることだろう。しかし、この時代の禅僧たちはもちろん、酒を飲んだりしない。全員シラフで、評定をしていたはずだ。

「だいたいお師匠はどうしたんだ。どっちもまだまだなんて」

「跡目を譲るのが惜しくなったかな」

「やっぱり神秀さんだよ、神秀さん。それしかないだろう」

「親父、モーロクしたんじゃねえか」

「でも、慧能もなかなかエーノーなんちゃって」

「バカヤロー」

冗談はともかく、弘忍のほかには慧能の境地を見抜いた者は一人もおらず、神秀擁立派の総決起集会といった塩梅《あんばい》であった。

一方、その夜、密やかにやってきた慧能に弘忍はこう言った。

「わしの跡を継ぐのはお前をおいてほかにいない。七〇〇人も弟子はいるけれども、達磨大師以来、五代続いてきた真の悟り、それを得ているのはお前しかいない。お前がわしの跡を継いで法灯を守ってくれ。だが、お前はわずか一年にも満たない新参者であるし、無学文盲だ。そのお前に、達磨大師から引き継がれてきた衣鉢《いはつ》（師が弟子に伝える袈裟《けさ》と鉢。転じて仏教の奥義）を渡すとなると、弟子たちはお前を殺そうとするだろう。これを渡すから、いますぐ夜陰に紛れて逃げなさい。そして、しばらく南の山の中に隠れていなさい。その間は、法を説いてもいけない」

「わかりました」

ということで慧能はその後、常に山の中に隠れ、法を説くこともなかったという。そして十七年たったころ、もうそろそろよかろうと思って山から出てきた。

この六祖慧能禅師の逸話を、私は地下鉄のプラットホームのベンチで読んで、深く悟ったのである。すなわち、先輩が肉食を強いることはいかなることか、食べたくなくて涙を流す自分とは何か、菜食とは、肉食とは、アルカリ食とは、玄米食とは……。なぜ、私が当時苦闘していたのかが、いっぺんに氷解したのだ。

そのキーワードが、「本来無一物《ほんらいむいちもつ》」であった。

「自己本来の面目《めんもく》を見よ」

開祖達磨大師から五代にわたって引き継がれてきた衣鉢を、五祖弘忍からいただいたとは言え、慧能の行く道は険しかった。師の予言どおり、弟子たちは慧能を追いかけたのである。

弟子の一人の慧明という者は、お師匠のところに大事な衣鉢がないことに気づいた。また調べてみると、きのう生意気にも詩を発表した慧能がいない。

「やっぱり……。あの野郎、絶対に許さん」

慧明は、すぐさま数百人の僧侶に呼びかけ、慧能を追いかけた……と、伝えられているが、果たしてそんなにうまくいくものだろうか。

あるいは、衣鉢について弟子たちから尋ねられた五祖弘忍が、

「あれは慧能にやったよ。あいつはいまごろ南のほうの山の中さ」

と教えたのかもしれない。

ともかく慧明たちは、山中で慧能に追いついた。

「こら慧能、お前、あとから来て、無学文盲のくせに諸先輩をおいて衣鉢を持っていく

とは不届き千万。お前が衣鉢を継ぐなんぞ百年早い。いや千年早い。いますぐ返せ」

と、慧明が叫ぶ。これを聞いた慧能禅師、まったく動ずることなく、

「そうかわかった。持っていってくれ」

と、衣を石の上に投げ捨てた。

それを見た慧明、しめたとばかり、石の上の衣を奪おうとしたのだが、その衣の重きこと山の如くであって、微動だにしない。そこで、おもむろに慧能がこう諭した。

「慧明よ、衣は信を表すものであって、たとえ衣は力で奪うことができても、信は力では奪えないんだよ」

この言葉によって、討伐隊長の慧明はようやく、慧能こそが達磨大師の衣鉢を継ぐべき人であることに気づき、自らの非を悟ったのである。

「申しわけありませんでした。あなたこそ法灯を継ぐ方です。どうか私に正しい法を教えてください」

と、お願いした。殺してしまわんばかりの迫力で追いかけてきた慧明が、コロッと変わってしまったのだ。そこですかさず、

「自己本来の面目《めんもく》を見よ」

と、慧能は問いかけた。

善だとか悪だとかを離れたとき、一体どれがあなたの本来の姿なのか、もっと自分自身の本来の姿を見つめたほうがいいんじゃないのか、と言ったわけだ。

その刹那、慧明は大悟し、滂沱《ぼうだ》の涙を流しながら、さらに尋ねた。

「いまお示しいただいた秘密の言葉のほかに、もっと深い教えがあるのではないでしょうか」

「私が示したものは秘密でも何でもない。あなたが自己本来の面目、すなわち自分自身の姿を振り返ってみれば、秘密はその中にこそあるだろう」

慧明は言った。

「私は黄梅山の五祖弘忍禅師のもとで修行してきましたが、いままで自己の真実の姿を知ることはできませんでした。しかし今、深い教えをいただきやっと悟れました。まるで、自分で飲んだ水の冷たさを初めて実感できたような気持ちです。あなたこそ、私の師と仰ぐべき方です」

このとき慧能が語った「自己本来の面目」と先に上げた「本来無一物」は、どちらも禅門における最高の悟りの境地とされていて、禅宗修行をする人たちは、今なおそれを

「公案」として大事にしている。

「非風非幡《ひふうひばん》」

ところで、慧能禅師の遺した有名な言葉に、もう一つ、「非風非幡」というものがある。ついでに紹介しておこう。

山中に籠もること十七年、ようやく人里に出てきた慧能は、ある寺に寓していた。たまたまその寺に二人の坊さんがいて、旗がヒラヒラとひらめいているのをめぐって論争を始めた。一人の坊さんは、あれは旗がひらめいているのだと言う。もう一人の坊さんは、いや、風がひらめいているのだ、風がひらめいているから旗がひらめくのだと言う。風がひらめくのだ。いや旗がひらめくのだと、どっちも引こうとしない。風か、旗（幡）か。

論争が際限なく続いているところに、六祖慧能が通りかかったのである。そして一言、こう言った。

「風でもなければ、幡でもない。ひらめき動いているのは、お前たちの心だ！」

「ええ！」

争っていた二人は、自分たちのレベルの低さを恥じ、許しを乞うて弟子にしてもらった。二僧の師匠も続いてその門下に加わり、かくして六祖慧能はたちまちにしてその弟子たちを集めていったのである。

達磨によってインドから伝えられた中国禅は、六祖慧能の時代に花が開いた。その功績の大きさゆえに、慧能のあと七祖、八祖と数えられることはない。慧能の達した境地が、中国禅の極致とされるゆえんである。

それはどのような境地か。

前にも書いたが、この人は無学文盲だった。だから、五祖弘忍に入門を許されてからも毎日毎日、薪割りと米つきばかりをやっていた。そうした生活の中で慧能は悟りを開いたわけで、慧能の悟りは書物を通して得たものでは決してなかった。

ここから、中国禅は学問よりも生活に即した禅としての色彩を濃くしていくのだが、慧能から南嶽懐譲《なんがくえじょう》、懐譲から馬祖道一《ばそどういつ》へと教えが伝えられていくごとに、その傾向はますます深くなり、ついに慧能から数えて三代目、百丈懐海《ひやくじようえかい》のときに四十八則から成る禅門の規矩が定められるに至り、生活に根ざす現在の禅のフォームが出来上がるのである。

百丈禅師のころになると、禅の修行をしようとする者が数多くなってきた。それまでは、禅僧が独立した禅院に住みながら説法をするということはなかったのだが、ここまで数が増えてきたらもはや禅院を建て、集団生活の中での修行を行なっていくほかない。それにはどうしても規則が必要だ、ということで百丈禅師が四十八則を定めたわけだ。

百丈禅師は、自力で集団生活ができるようにと考え、その四十八則の一つに、作務《さむ》（労働）を修行の一環として定め、自ら率先垂範して作務に従事した。

ところがある日のこと、弟子たちが老齢の師をいたわって作務の道具を隠してしまった。道具がなければ作務はできない。そこで懐海は作務を休んだのだが、その日は丸一日食事を摂らなかった。そのときに百丈禅師が残した言葉が、「一日作《な》さざれば、一日食《くら》わず」という有名な言葉である。

いずれにしても、生活に根ざした禅は慧能禅師から始まり、百丈禅師でその基礎が固められたわけだが、臨済宗《りんざいしゅう》、曹洞宗《そうとうしゅう》、黄檗宗《おうばくしゅう》という三つの流派を持つ日本の禅宗は、全部、慧能禅師から出ている。日本の禅宗が生活に根ざしているゆえんである。

いまある禅宗は全部慧能の流れを引いている

慧能が基礎をつくった、日々の実践に重きを置く中国禅。その系譜はその後、慧能の教えを受け継ぎながら、いくつかの流れを形成するのだが、いずれも中国南部の曹侯渓を中心地として栄えたので、総称して「南宗禅《なんしゅうぜん》」と呼ばれる。日本でおなじみの曹洞、臨済、黄檗の三宗は、すべてこの流れにあるのはすでに述べたとおりだ。

さて、慧能に六祖の位と達磨大師の衣鉢を持っていかれてしまった、五祖弘忍の一番弟子と言われた神秀も、印伝こそもらえなかったが、慧能が十七年も山の中に籠もっていた間に勢力を広げていった。こちらは北方を中心として教圏を保ったので、「北宗禅」と言われ、学識ある神秀のタイプそのままに、当時の王族、貴族、政治家、知識人の間に浸透していった。

ところが、ときあたかも唐代末期にあり、中国全体が大規模な政治動乱の時代を迎えていた。北宗禅は、そのパトロンであるお抱えの貴族や政治家たちが動乱によって滅びるとともに絶えてしまった。

慧能の「南宗禅」のほうは、一般庶民の中に深く浸透し、脈々と命脈が保たれ、宋代に入ると浄土教とともに隆盛を極めるのであるが、その後、本家の中国では禅は次第に衰退し、その真髄は現在、日本でのみ引き継がれているのが実情である。

本来無一物、アルカリが何だ！　酸性が何だ！

だいぶ話が横道にそれたが、そういう慧能禅師の教えのエッセンスに、地下鉄のホームで出会ったのである。先輩に肉食を強制されては心の中で泣き泣き食べていた、情けない菜食主義者であったころの出来事である。

私は夢中になって読んでいた。そして、慧能禅師の「本来無一物、何れの処にか塵埃を惹かん」というところまで読み進んだそのとき、突如として感激の嵐に襲われ、人の行き交うプラットホームにいることも、流れ出る涙を拭くことも忘れ、ただただ感動に震えるばかりであった。

そうか、本来無一物なんだ！　アルカリ性の食物も、酸性の食物も、本来無一物なんだ。アルカリ性だ酸性だ、ペーハー7だ、ペーハー6だと言ったところで、それが何になる。自然食もＰＣＢも関係ない。すべては本来無一物なんだ……。

「時々《じじ》に勤《つと》めて払拭せよ、塵埃《じんあい》をして惹《ひ》からしむること莫《なか》れ」と言ったのは神秀だ。その神秀はまさに自分だったのだ。

「あっ、今日も松寿仙を飲まなかった。あっ、酸性の食べ物を食べてしまった」と思う自分こそ神秀そのものではないか。そう気づいたのである。

それまでの自分はたしかに、清らかで澄みきってはいたけれども、そんなレベルを乗り越えていれば、松寿仙なんか飲むことはなかったろうし、酸性食品だって平気で食べられたはずだ。自分は何と弱々しい人間だったのか。自分は神秀のレベルだった。慧能にならなきゃいけないんだ。

これからは、「これアルカリ、酸性にあらずして自然食はご飯にあらず。本来無一物、いずれのところにか食べ物に塵埃を惹かん」と置き換えていかなきゃいけない。

わかった、わかった、わかった……。

私は本当にうれしくなって、プラットホームで何時間も何時間も本を片手に涙を流していた。たしか、日比谷線の茅場町かどこかの駅だったが、電車に乗り込んでも涙、電車から下りて地下道を歩いているときも涙。まさに、わが魂がバーンとはじけたのであった。

悟った私は牛丼もステーキも平気に

それから、ヨーシと思って、まず吉野家へ牛丼を食べに行った。牛丼をパクパク食べると、やっぱり血液が即、酸性になるのを感じる。長い間の習慣で、体質的にすぐ反応するようになっているのだろう。食べた途端にドロッときた。だが、そんなことはもはや気にならない。即座に、

「本来無一物だ、いずれのところにかグリコーゲンを惹《ひ》かんや。乳酸を惹かんや」

と念ずる。すると、不思議なことに、スーッと離れていくのである。とは言え、肉をいっぱい食べたら、やっぱり翌日、獣のような声になる。しかし、それももはや気にならない。

「獣のような声でも植物のような声でも、本来無一物の声だ、いずれのところにか獣声を惹かんや」と念ずると、声もすぐに元にもどった。自分が気にしすぎていただけだったのである。

それからは、連日のように牛丼を食べた。牛丼屋に行く前に「本来無一物、いずれのところに惹かんや」と、これを一〇〇回ぐらい唱える。そうやって牛丼屋に行けば、何

の問題もなかった。

牛丼屋に一週間ほど通っていると、あのお肉の味に恍惚としてくる。

「ああ、牛丼。このお肉の味をぼくは知らなかったんだ……」

ステーキハウスにも行った。ボーナスが出たときだけだが、店に行ったら必ずレアで頼む。血がポタポタ落ちるけれど、気持ちが悪いと思ったらまた神秀に戻る、無一物になるまでやるんだと思って、いつも必ずレアで頼むようにした。私も極端と言えば極端だが、「本来無一物、無一物」と念じていれば、いくら食べ続けても大丈夫。気分が悪くなることなど一度もなかった。こうやってステーキのレアも克服したのだ。

ＰＣＢも着色料も何でも無一物

当時の私は、何でも「無一物」一辺倒だった。そのころ、たしかＰＣＢ騒ぎがあった。「ＰＣＢって何だろう……。何？　正式にはポリ塩化ビフェニールと言って、これが魚介類を通して体内に入ると肝障害などを起こすんだって。それを恐れて、町の寿司屋は閑古鳥が鳴いているんだって。それじゃあＰＣＢっていうのは、言ってみりゃ地球の塵《じん》埃《あい》みたいなものじゃないか。ようし、これにも挑戦してやろうじゃないか」

ということで、私はさっそく寿司屋に敢然と出かけて行った。今でも覚えているが、日本橋の都寿司という寿司屋だった。噂どおり、お客さんはあまりいなかった。私はトロとマグロと光りものを頼んだ。トロ、マグロは値段が張るからもちろん一個ずつで、ほとんどは光ものとイカ、玉子、アナゴといった安いものばかり。あとは、近海ものの一番PCBが多そうなのを頼んで、腹いっぱい食べた。

「いやあ、実にうまい」

「そんなにうまいかね、あんた」

と、板前さんに言われるくらいの食べっぷりだった。

「うまい。最高です。おじさん。とくに、この歯にはさまるPCBの味が何とも言えないですね」

「はあ?」

「PCBの腹に染みわたるような味、もう最高ですよ」

と言ったら、

「はあ、あんた変わった人だね」

「このＰＣＢの味も知らずにお寿司屋さんに来なくなった日本人は、問題が多いですね。おじさん」

「うん、まったくだ。寿司も食わなくなった日本人は日本人じゃねえ。だけど、そのＰＣＢ、ＰＣＢって言うのだけは、やめてくれねえかなあ。ますますお客が来なくなっちゃあ、メシの食い上げだぜ」

その次に、真っ赤に着色されたイクラを頼んだ。

「ああ、この合成着色料、おいしそうですね」

と思わず言いそうになったが、叱られそうなので、グッと言葉を飲み込んだ。

お酒はもちろんワンカップ○○。「合成保存料を使っている」とちゃんと書いてある。

「この合成保存料がうまいんですよねえ」

これもグッと飲み込む。ともあれ私は、合成保存料入りの日本酒と、合成着色料を使ったイクラ、ＰＣＢの寿司で腹をいっぱいにふくらませ、大いに満足したのであった。

私の好みは今でも変わらない。合成着色飲料、合成保存料、それから最近では酸化物。いろいろ言われているけど、もう最高。それから、赤だ黄色だ紫だと、見るからに怪しげな原色の菓子類。これもいい。

ともかく私としては、「本来無一物」なんだということがわかっただけでうれしくて、何を食べても平気になったのだ。コーヒーを飲んでも、まるで気にならない。もちろん健康だし、霊的にも別にどうっていうことはない。

だからと言って、自然食や健康食品を遠ざけているわけではない。自然食も素晴らしいし、健康食品もいい。大事なのは、食べ物なんかには微動だにしないような境地、これなのだ。

食べ物でくよくよが体に最悪

そういうことを平然と言い放つあなたは、食べ物と健康との関係を否定するつもりなんですか……。そんな声が聞こえてきそうだが、私は何も食べ物が及ぼす健康への影響を無視するつもりはない。朝から晩まで即席ラーメン。それを一年三六五日続けていたら、そりゃ体を悪くするに決まっているし、自然食のほうが肉食より体にいいかもしれない。しかし、もっと大きな問題は、私に言わせれば、食物のことをくよくよ気にすることである。

私の知り合いの方にも、玄米食に凝っている人がいる。玄米を食べている限り病気にならない、ガンにもならないと公言してはばからないのだから、凝っていると言うより、玄米食主義と言ったほうがいいかもしれない。いや、玄米食教の信者と言うべきだろう。天照大御神《あまてらすおおみかみ》、守護神、守護霊、産土神《うぶすな》を信仰する代わりに、玄米食を信仰しているようなものだ。

玄米食に関して言えば、私の観察したところ、玄米食に凝っている人のほとんどが非常に頑固だ。無論、すべてがすべてというわけではないが、頑固で人の言葉に耳を貸そうとしない人が多いのは事実である。その人はすでにして、昔の私と同様、「酸性嫌い！　アルカリ大好き！」という霊界にいる。ものごとを極端に極端に気にするので、「食べ物を気にする」という霊界ができているのだ。

「気にする霊界」にいることがなぜまずいかと言うと、こういう人は気にするあまり、亡くなったご先祖様とか霊と感応するのである。霊層の高いご先祖様ならいいが、現世の肉体を持った人間に働きかけるのは、だいたいが霊層の低い霊と相場が決まっている。そんな霊と感応していたら、決していいことはない。

そんなことにならないためにも、食べ物なんかで気分が左右されることのない、微動だにしない悟りの境地を開きたいものである。

人の悟りは生き物の脱皮と同じだ

私にしても、私の恩師・植松愛子先生にしても、断食したこともなければ滝に打たれたこともない。それは正しい修業のあり方ではないからだ。では、本当の修業のあり方とは何か。言うまでもない。慧能禅師が悟りを開いた薪割りと米つき、これである。と言っても、今の時代、薪割りや米つきなどできる相談ではない。その代わり、仕事がある。炊事や洗濯がある。そういう日常生活を通じて一つひとつ悟っていく。

自分の行き詰まりをどう打開したらいいのか、性格のクセをどうやって直したらいいのか、そういう問題に直面したとき、本を読んだって解決しないし、人に相談したって解決しない。仕事や炊事をやっている中でフッと解決策が浮かんでくる、というのが悟りの本当のあり方なのである。そうやって一つひとつ乗り越えていくところに、人間の成長があるわけだ。

江戸時代の禅僧、白隠《はくいん》禅師はこう言っている。

「悟りというものはエビの脱皮と同じようなもので、脱皮してはバリっと殻を破る。しばらくすると、またまた殻ができてしまう。そこでまた殻をバリッと破る。それが悟りというものなんだ」、と。

殻をバリっと破るときは、非常に苦しくて、誰でも悶々とする。ヘビでもチョウチョでもトンボでも同じだ。脱皮というのは、水の中の生き物が空を飛ぶようになるのだから大変である。トンボもチョウチョもそうだし、セミは土の下に何年もいてから樹木に登るし、空も飛ぶ。そのようにガラッと変わることが脱皮なのだから、当然のことながら、脱皮するときは苦しみが伴うのである。

これからの医学は、心と体の関係重視に

肉食は絶対にいけない、と言う人にときどき出会うことがある。健康によくないからいけないと言っているかと思ったら、さにあらず。肉は屠殺したものだから霊的に悪影響を受けるからだとおっしゃる。おそらく、同じことを言う人が、あなたの近くにもいるのではないだろうか。だが、そんなことを聞かされたからといって、何ら迷うことは

ない。

六祖慧能禅師を見るといい。山の中で猟師をしていたんだから、動物たちを殺していたはずだ。にもかかわらず、その悟りの境地は微動だにしなかった。それを知ってから、私の境地も大きく変わって、学生時代についたクセを脱皮したのだ。

その後、植松先生の弟子として門をくぐったのだが、先生もやはり同じことをおっしゃった。

「出されたものをおいしいと思って食べたら、何でも養分になるのよ」

と。まったくそのとおりだと思う。だから、体を大切にしたいんだったら、食べ物に気を使うのもいいが、それとせめて同じくらい、自分の心のバランスを大切にするべきなのだ。

病気の原因は、自分の想念とか思いが一番強い。みんながそうとは言わないが、病気になっている人は総じて霊障《れいしょう》（悪霊《あくりょう》の仕業《しわざ》）が強い。そして、霊障の強い人は頑固であったり偏屈であったりと、どこか心のバランスを崩していることが多い。そういう場合、私は救霊《きゅうれい》（除霊《じょれい》）をお勧めしているが、なぜ、救霊をすると病気が治るケースが多いのか。それは、とりもなおさず、食べ物よりも霊的な悪影響のほうが健康に大きく作用している、ということの証左であるからだ。だったら、これを逆にして、守護霊や守護神や神様など、善なる霊的影響を与えてくださる存在から神気をいただければますます健康になる、という理屈が成り立つ（興味のある方は、拙著『大除霊』（ＴＴＪ・たちばな出版刊）を参照されたい）。

同様に、ストレスや運動不足が胃潰瘍などの病気の原因であるならば、ストレスがないような状態で、いつも明るく元気に、感謝して生き生きとしている人は、胃の働きがすごく活発になるし、全身の機能も高まるということになる。肝臓を悪くすると、気分がイライラして集中力がなくなるのだから、逆に、精神的にイライラしないで、集中する練習をすると肝臓がよくなるはずだ。逆もまた真なり、である。

そのように、精神と肉体、霊と肉体という強いパイプがあるのだ。にもかかわらず、現代医学は肉体だけしか見ようとしない。一部には心身医学と言って、精神面からのアプローチを試みる医学もあるようだが、まだまだというのが実感だ。

しかし、今から七〇～八〇年のうちに医学界も大きく変化して、環境と人間、精神と肉体、脳波と体の各部所との関連性などの研究が進んでいくだろう。

東洋医学は、陰と陽のバランスを重視する。陽の体質の人は陰の食べ物、陰の体質の人は陽の食べ物と、体質とのバランスを考えるのだが、西洋医学の場合は病に冒されたその部分しか見ない。

東洋医学と西洋医学の融合が最近は話題にされるが、精神と肉体の関係の関連性というレベルに止まっているようでは心もとない。さらに一歩も二歩も進めて、霊性と肉体という関係にまで立ち入らないことには、人間の健康や病気の根本的な解決を見ることは決してないだろう。

未来の医学では無論、食べ物の善し悪しの研究も進むだろうが、それ以上に、霊障およびストレスと病気との関連性についての研究が進むはずだ。

念力パワーアップも食事で強化する

私は、救霊（除霊）をしている。そのため、食事も私独自のものを考えて、食べるようにしている。別に健康のためにやっているわけではないが、私はときどき、朝七時ないし八時にステーキを食べ、寝る前におそばのドカ食いをして寝床に就き、また翌朝ステーキを食べる、というようなことをやることがある。なぜか。私は慢性的な寝不足だから、食べ物で元気をつけるのである。

　とくにたたり霊を救霊する前は、食事にはこだわる。玄米やほうれん草を食べて、「ああ、体がアルカリになってよかった」と言って満足している人には、まず救霊することはできない。たたり霊のほうがはるかにパワーが強いからだ。植物的な声で、「君、たたりするのはやめなさい」なんて諭したところで、相手の念力パワーのほうが強いから、一〇〇パーセントやられてしまうだろう。救霊するには、相手のパワーより強くなければできないことなのだ。

　だから、「明日は強烈なたたり霊だな」というときに私はステーキを食べて、ニンニクでパワーアップし、さらにユンケルを飲んで、「がんばるぞ！　たたり霊は必ず改心する！」と思うと明るく元気になる。

　実際、ステーキを食べた瞬発力で、たたり霊も「負けました。もうたたるのはやめます。このパワーに勝てない」と霊界に帰ってしまう。怨念霊を救霊するときとか、ここ一番のときには、やはり元気が出る食べ物を食べるが、そのとき以外は菜食、肉食関係なく、バランスよく食べることにしている。

読者のみなさんの中にも、私のように非常に霊を受けやすい体質の人がいるかもしれない。そういう人はお肉を食べて、ギラギラのパワーを保つようにしたらいいと思う。寝不足のときでも元気でいられるから、朝食にステーキを食べたっていい。

ただし、誰にも合っているかどうかはわからない。私の場合、極端に霊的に敏感な人間だからそこまでやっても全然平気、と言うより、やるしかないのだが、それよりも、会社の資金繰りのことやお弟子のことで、いろいろと考えたり悩んだりするときのほうが体の具合が悪くなる。明るく元気で、気に病まないで、心の精神状態をいつもいい状態にしていると、何を食べてもおいしいし、消化もいいし、元気だ。病気なんか一度もしない。全然寝込んだり倒れたりしない。

――救霊〈除霊〉のお問い合わせ、お申し込みは左記まで――

お問い合わせフリーダイヤル　0120《おおいにえんまん》（50）《こまる》7837《なやみ無し》

◎ワールドメイト

東京本部　03（3247）6781

関西本部　0797（31）5662

札幌　011（864）9522

仙台　022（722）8671

東京（新宿）　03（5321）6861

名古屋　052（973）9078

岐阜　058（212）3061

大阪（心斎橋）　06（6241）8113

大阪（森の宮）　06（6966）9818

高松　087（831）4131

福岡　092（474）0208

ホームページ　https://www.worldmate.or.jp

どうしてもご都合で来られない方や、ご理解のないご家族、友人知人の救霊の場合には、その方のお写真で出来る写真救霊（その方の憑依霊を写真で見抜き、写真を使って救霊する方法――写真郵送で出来ます）もありますので、加えてお勧めいたします。

また救霊、その他の無料パンフレットをお送りしています。お気軽にお問い合わせください。

ウイルス殺し秘法で風邪退治

毎年冬になると、風邪をひく人が多い。何日も熱がひかないとか、筋肉痛がひどいとか、相当ひどい風邪をひく人もあるそうだ。もちろん、私もときには風邪をひく。しかし私は、風邪をひいても一日で治す。念力ウイルス殺しの秘法があるのだ。風邪をひいたとしても、原因であるウイルスというものは小さなものだ。その小さなウイルスを念力でスパッと切ってしまえばいいのである。

そんなにうまく行くものかと疑う人には、こういう例を紹介しよう。

名刺で割り箸を真っ二つにする会というのがある。そこで何泊か合宿して練習すると、みんな名刺で割り箸を割れるようになるのだ。そのやり方というのは、まずやる前に割り箸が割れているイメージを強く念ずる。だいぶ前に「北斗の拳」という劇画があったが、あんなような感じだ。

「割り箸よ、お前はすでに割れている！」

と念じた上で、もう割れているんだ！　と信じ込んで「エイッ！」とやると、スパッと割れる。想いの力で割れるのである。ウソだと思うかもしれないが、生霊《いきりよう》で病気になったり、怨念によって倒れたりするくらい、人間の念というものは強いものなのだ。

ただし、その訓練を受けた人がその後どうなるかと言うと、せいぜい宴会の隠し芸に使うぐらいで、人類救済に役立つとか、人を幸せにするといった次元とはほぼ遠いらしいが、「おれの念はこれほどまでに強いのだ！」と、確信を深めることはできるようだ。

私はこの話を聞いて、この技は真理に裏づけられているから、隠し芸に止めておくのはもったいないと思った。そこで、ウイルス切りに応用したのだ。やり方は同じである。ただし、日本では医者でない者が医療行為を行なうことを禁じられているから、「私の風邪を治してください」と頼まれてもお断りする。ウイルスをやっつけたかったら、念力で割り箸を割る方法を応用するか、風邪薬を飲んで治していただきたい。

固定観念を捨て去らないと知識も有害になる

六祖慧能禅師の「本来無一物《ほんらいむいちもつ》」という境地に立脚すると、食べ物の偏《かたよ》りも、男はこうでなきゃならない、女はこうでなきゃならないという固定観念も、じつに虚しく意味のないことに気づく。

ところが、現実はどうかと言えば、私たちは知らず知らずのうちに、一つの固定観念に縛られてしまっているのではないだろうか。食べ物にしても何にしても、こうあるべきだという観念。それに縛られて真実の自分を見失っているのではないか。と言うより、縛られていることにさえ気づかずにいるのではないだろうか。

慧能禅師も言っていた。

「善とか悪とかを離れたとき、一体、どれだけ本来の面目《めんもく》、すなわち、あなたの真実の姿なのだろうか」

と。だから、自分自身の姿を取り戻すには、何よりもまず、固定観念を捨てるということだ。これは善だ、これは悪だ、これは美しい、これは醜いといった固定観念。その思いが、心身に大きく影響を与えて、さまざまな不運の原因となっているのだから、そこを見つめ直すことなく、やれアルカリだ、やれ酸性だ、自然食だ、有害食品だと騒いでいるのは本末転倒。あまりにも虚しい努力と言わざるを得ない。

国家のレベルではたしかに、食べ物や環境に関する研究は必要だ。有吉佐和子の『複合汚染』などを読めば、公害問題などは国家レベルで解決する以外にない、ということは理解できる。

しかし、『複合汚染』を読み深く共鳴した人は、何を見ても危ない、危険だ、食べてはいけないというふうにしか見えない、「複合汚染霊界」にはまってしまって、食べることが怖くなる。その結果は、やたらと神経過敏になって、ついには気を病み健康を害したりしたら、これほど皮肉なことはない。

自然食もけっこう。無農薬野菜もけっこう。健康のことを考えれば、そういうものを食べていたほうがいいのだろう。しかし、必要以上に気にするのはかえって毒。健康を害するだけである。やはり、何をするにしてもバランスが大事なのだ。

善玉から悪玉、悪玉から善玉へ

栄養学が全部間違っている、とは言わない。しかし、健康のためだからと言って、栄養学の知識を鵜呑みにすると、とんでもないことになる。栄養学だ医学だと言ったところで、つまるところは人の行なう研究だから、よく言えば日進月歩、悪く言えば不節操。医学や栄養学の学説ほど、コロコロ変わるものはない、というのが私の実感である。

その典型がタマゴの黄身に関する学説である。以前はコレステロールがたまるから、タマゴの黄身はあまり食べないようにと言われていた。ところが最近はどうだ。黄身は健康にいいからなるべくタマゴを食べましょうと言っているではないか。理由は何かと思ったら、レシチンがあるからだという。脳細胞の四〇パーセントはアセチルコリンという物質からできている。そのアセチルコリンはコリンから、コリンはレシチンからできている。タマゴにはそのレシチンがたくさん含まれているから、タマゴをたくさん食べましょう、というわけだ。

その前までは、タマゴの黄身はコレステロールがたまるからよくないと言われていたのに、これではどっちを信じていいのかわからなくなってしまう。この栄養学というもののいい加減さ。そのうちまた、やっぱりタマゴは体によくないという話になるかもしれない。そんなものにいちいち振り回される庶民こそ、いい迷惑だ。

おいしく食べられるものが一番体にいい

結局、おいしく食べられるものが、体にいいのだ。おいしく食べられるということは、それだけ体が要求しているわけだから、おいしく食べられるか否かで判断するのが一番正しいのではないだろうか。

それともう一つ、バランスよく何でも食べること。これも大切だ。野菜、肉、魚、米と、バランスよく食べていれば、たとえ有害物質が少々含まれていても、たいした問題ではない。そういう食生活が一番健康にいいし、一番霊的にもいい。これが、食べ物に関する私の結論だ。

植松先生も前述したように、

「おいしく食べられるのが一番いいのよ。あまり考えても意味ないでしょ」

とおっしゃっている。

栄養士は、カロリーがどうのこうの、脂肪がどうのこうのと、もっともらしいことを言っている。それが職業なのだから当然と言えば当然だが、そんなこと関係ないと思って食べればいいのだ。カロリーが高かろうと低かろうと、たんぱく質が多かろうと少なかろうと、そんなことどうでもいい。肝心なのはバランスがいいか、おいしく食べられるか、である。

いっときは、酸性がどうのこうのという時代だったけれども、最近は言わない。それからはレシチンがどうのこうのと、何でもビタミンの時代だった。そのうちまた変わる。栄養学は食べ物のファッションのようなものだ。面白がるのはいいが、気にかけたら自分が損をするだけである。

本来無一物。

いただけるものをおいしいといただくことが、健康の秘訣だ。

あれはいいがこれはダメだなというのはいっときの気の迷いで、所詮、偏食みたいなものだ。そんなことにこだわっている限り、人間として大きく脱皮し、より強い人間になるなんて、とても不可能なことだろう。

第三章　弱気克服法

弱気を克服するための三項目

一章では、「ねばならない」環境に自分を追い込んで弱気を克服する法、二章では、心の持ち方を転換すること、換言すれば悟りを得ることで弱気を克服する法を解説した。それを踏まえてこの章では、弱気を克服し、雄々しくたくましくなる究極の方法を紹介しようと思う。

この方法を体得すれば、世界最強の強者《つわもの》になれること請け合い。どんなに弱気の人でも、必ずや巌《いわ》をも穿《うが》つ強固な意志の持ち主に絶対なれる。そこまで断言できるのはなぜか。理由は簡単、気弱な子どもだった私が、その方法で自分の弱気を完全に克服できたからだ。

本書の冒頭で述べたように、私は子どもの時分、身長が低くて病弱で、何をやっても長続きしない、ひ弱な子どもだった。だから、いつも自信がなかったので、勝気な女の子を見ると、頼りがいがあるなあと思ってあこがれたり、強そうな男の子を見れば、やたらとうらやましく思ったりもした。

あとから振り返れば、ただの晩熟性で、発育が遅かったというだけのことだが、弱々しい自分に深く悩んでいたのである。

なぜそれほどまでに意志が弱く、軟弱だったのか。それはおそらく、身長が低かったことに加え、小さいことが気になってならない、神経過敏な体質と深い関係があったからではないかと思う。

たとえば、家の近くにタバコ屋さんがあったのだが、そのタバコ屋さんから家まで何歩で歩けるのか、それが一時期、気になって気になってどうにもならなかったことがある。

五〇歩か六〇歩か。五〇歩で歩くとしたら、歩幅はどれくらいにしなきゃいけないのか。それを確かめるために、何度も家とタバコ屋さんの間を往復するのだが、それを見ていた友達は、

「お前、何やっているんだ」

と、怪訝そうな顔をして言う。

「別に。何でもないよ」

私は無視して、計測に夢中になる。しまった、四十九歩になってしまった。もう一回

やり直さなければ……。

今度は、学校まで何歩で行けるのか、これがやたらと気になり始める。学校までだいたい一キロぐらいあるのだが、果たして何歩で歩けるのだろうか。一〇〇〇歩なんだろうか、一万歩なんだろうか。計ってみると一五〇〇歩ぐらいだった。正確なところは覚えていないが、多分そんなものだったと思う。

すると今度は、きっかり一五〇〇歩で歩けないと気が済まなくなる。なぜ、今日は一五〇三歩だったんだろう。なぜ今日は一四九七歩だったんだろう。わずか二、三歩の違いが気になって、授業が始まってからもそのことが頭を離れなかった。

何歩で歩こうが歩くまいが、そんなことどうでもいいことである。それが気になるなんて、やはりどこか変わっていた。いや、目茶苦茶変わった子どもだったと言っていい。

相手が上なら弱気になる……これ当然

中学時代も学校で一番小さかった。それでもまだよかった。勉強の成績が学校で一、二番だったからだ。

でも、まるで女の子にモテなかったのは、やはり寂しかった。なぜ、ぼくはモテないのだろう。私は、モテる男の子を徹底的に研究した。その結果わかったのは、体が大きくて運動がよくでき、その上、学業も抜群、そういう子が女の子によくモテるということだった。その点、私は全然かなわなかった。何しろ、身長はクラスで一番低いし、とても臆病だし、おなかが痛くていつも青い顔をしているのだから、女の子にモテるわけがない。勉強はできても、あまりに子どもっぽくて、女の子の恋愛感情の対象にはならなかったのだ。

それでも、模擬テストをやればいつもトップクラスだったから、あまり気にはならなかった。ところが、高校に進学すると事情が一変。心の支えだった学業も急降下、私は自信を喪失し、いよいよもって弱気の極みに追い込まれていくのである。

私が進学した高校は有数の進学校だった。当然、周りは頭のいい生徒ばかりで、世の中にはこんなに優秀なやつがいっぱいいるのかと、心底びっくりさせられると同時に、次第に私は劣等感にさいなまれるようになったのである。おれなんか、どんなにがんばってもダメなんじゃないか、あんな優秀な連中に勝てる見込みなんかないんじゃないか。そんな弱気の虫に、私の心は蝕まれていくばかりであった。

そのころから周りを観察してきてわかったのだが、強気だの弱気だのと言ったところで、絶対的なものではなく、あくまでも相対的なものにすぎないということだ。たとえば、高学歴で賢くて、体力があってハンサムで、仕事ができて性格も最高、おまけに父親が大企業の社長で母親がミスユニバース。こういう人を前にしたら、誰だって弱気になるし、わざと大物ぶったって空威張りでしかない。逆に、すべてにおいて自分より劣っている人が相手なら、謙虚でなければと思っても、自然と強気になる。

このように、強気、弱気というのは相手あってのことであり、本来、そんなことに気を奪われることなどないのだが、若気の至りと言うべきか、高校時代の私は、弱気あるいは劣等感という名のモンスターを相手に、悪戦苦闘していたのである。

まず志《こころざし》を立てよ

では、どうしたら弱気や劣等感を克服して、雄々しくたくましくなれるのだろうか。それには一章で述べた、「ねばならない」環境に自分を追い込むことも大事だが、それとは別に志を立てること。これもまたきわめて重要なことと言わねばならない。

志は何でもいい。学校で一番になるんだとか、模擬テストで全国で一番になるんだとか、あるいは出世頭《しゅっせがしら》になるんだとか、何らかの志を立てるところから始めなければ、弱気や劣等感を克服することは難しい。

さて、志という字は無論、「こころざし」と読む。つまり、心がどこかを指している状態を志が立っていると言うのであって、あっちに行こうかこっちに行こうか、あれをやろうかこれをやろうかと、心に迷いのある状態は志が立っているとは言えない。「これをやるんだ！　最後までやり通すんだ！」と、心で決意したとき、その指す方向にあるのが志なのだ。だから、志を立てるには、心をシャキっとさせ、何をやるのか、その方向を見定めなければならないわけだ。

そうやって志を立て、何かに向かってチャレンジしている人は、目の輝きが違うし、顔つきも全然違う。歩くときだって胸を張って堂々と歩く。エリートコースに乗っている人や、青雲《せいうん》の志に燃えて勉学に励んでいる人の目が曇っていたり、うつむいていたりなんていうのは見たこともない。だいたいが、生き生きとしていて、堂々と胸を張っているものである。ところが、これも度が過ぎると問題で、立てた志がそっくり返って、後ろのほうに折れ曲がってしまう。その折れ曲がらせる原因が「我《が》と慢心《まんしん》」だ。

反対に、何かにチャレンジしたものの、どこかで挫折したり絶望したりすると、がっかりして、立てた志が萎えてしまう。そういう人はだいたいうつむきがちだし、歩くときも前かがみで猫背になる。志が真っ直ぐ立っていないからだ。

反り返るのでもなく、萎えるのでもなく、ピタッと真っ直ぐに志が立てる。これが理想であって、神道ではそういう状態を称して、自分自身の中に御柱《みはしら》が立っていると言う。「惟神《かんながら》、魂の真柱《まはしら》立てかためて」とか「惟神、神の詔《みことのり》のまにまに」、あるいは「魂の真柱打ち立てて」などと祝詞《のりと》にあるが、これは要するに、魂の真柱である志をビシッと立てる、ということである。

これとは別に、「大直毘《おおなおび》を立てる」「神直毘を立てる」という言い方をすることもある。大いなる毘、直なる毘をパッと立てて、さあ、がんばるぞというのが大直毘。神様のためにがんばってやりますぞ、というのが神直毘である。「直毘の御魂《みたま》」というのも同じ意味で、魂の中に真の柱をバシッと立てる、神様に発願して志を立てる、ということである。儒教で言う「立志《りっし》」がこれである。

いずれにしても、何らかの志を立てて、魂を発動させることが、弱気を克服して雄々しくたくましくなるための最低条件なのだ。

志も変に立つとトウが立って天狗に

ところで、人はよく、さかりが過ぎた人を指して、

「あの人はもうトウが立っていますからね」

と言ったりする。その「トウ」とは「薹」と書いて、もともとは蕗《ふき》などの茎の意味なのだそうだ。その「薹」が、旬が過ぎると固くなって食べられなくなる。そこから転じて、年ごろやさかりの過ぎた人を「トウが立つ」と言うようになったらしいが、さて、そのトウとは一体どこに立つのだろうか。実は、魂の中に立つのだ。

トウが立った人というのは、やたらと頑固で、自分の好みを主張して譲ることがない。

「私の好みの男性は、スタイルがよくてハンサムで、大学もしくは大学院卒。年収はウン百万以上で、年齢は三十歳以下。それ以外の方とはおつき合いいたしません。えっ、好きな食べ物ですか？　食べ物はもうフランス料理って決まっています。ラーメン？　そんなもの、滅多にいただきません。たまに食べてもチャーシューメン。それ以外は絶対に食べません」

といった具合に、好みがはっきりしていて、食べ物一つでも譲らない。チャーシュー

メンに志を立てているのかもしれないが、こういうのは、志を立てているとは言わない。「私はこうだ、私はこうだ」という我と慢心が立っているのだ。

積もり積もった我と慢心が魂の中で塔になっている。だから、「臺」とは「塔」でもあるわけで、バベルの塔と一緒だ。

トウがあまり立ちすぎたら、鼻まで伸びてきて天狗になる。天狗の鼻が伸びるのはなぜか。トウが伸びるからだ。直毘を立てすぎて、真柱の「真」が魔物の「魔」になったのが天狗なのだ。

傲慢な天狗は人の意見を聞かない。自分は一応こう考えているんだけれども、周りの人はどう考えているのだろう、もっといい意見があるかもしれない、という姿勢がないわけで、それはつまり、魂の真柱を立てすぎているのである。

それくらいだから、天狗は弱気ではない。心配性で、いつもくよくよめそめそしている天狗なんて見たことがない。おれに任せれば大丈夫だ！　わしこそは天下随一の霊能者だ！　というのが天狗であって、自分より強い人が来たらどうしようと、ハラハラしている天狗というのはいない。自分が最高だと思っている、強気の固まりのようなものだが、実は世間を知らないだけである。

山にたとえれば、頂上に坐《ま》すのが神様だとすると、天狗はせいぜい七合目ぐらい。それでも、おれは最高だと威張っているから、誰も忠告してくれない。つまり、知恵がないのだ。魂の真柱は立っていても、知恵がなく愚かなのだ。だから、天狗は「天愚」なのである。

ぐずぐずより天狗のほうがましだ

では天狗は絶対的にダメなのか、絶対的に悪なのかと言うと、必ずしもそうとは限らない。私はこれまでの著作の中で、折々にふれて、「天狗になると霊的にも社会的にも頭打ちになるから、天狗になってはいけない」というようなことを書いてきた。おそらくそのためだろう、聞くところによれば、私の読者の中には天狗になることを極端に恐れている人が少なくないという。

天狗になると、霊的にも社会的にも頭打ち状態になって、それ以上、進歩向上が望めないのは間違いない。しかし、志も立てられないような弱々しくて卑屈な人間が、「天狗になったらどうしよう」なんて心配しているとしたら、まるで笑い話だ。天狗になるのを心配するのは、とりあえず弱気を克服してからのこと。それまでは、たとえ天狗になってもいい、というくらいの気持ちで、魂の中に真柱を打ち立てることである。少々天狗になったところで、たいした問題ではないのだから。

というのも、天狗になってあるレベルまで上がっていっても、必ず頭打ちになるからだ。どんなにがんばっても、もはやそれ以上は伸びない。そのときに、「ああ、おれは天狗になっていたんだな」と反省し、謙虚な姿勢に立ち返って、さらに努力していけばいいだけのことである。だから、弱気で卑屈で志も立てられないよりか、少しばかり天狗になっても、強くたくましく雄々しくしているほうがいいのだ。

そもそも、ゆえなくして天狗になる人はいない。何の根拠もないのに自信満々、鼻高々という人もいるにはいるが、それは例外として、たいてい何らかの理由がある。セールスでトップの成績を残したとか、テストで一番になったとか、その人の人生の足跡をたどれば、必ず天狗になるだけの理由があるのだが、セールスにしろ勉学にしろ、トップに立つのにはトップに立つだけの努力と精進があったはずだ。その努力と精進は、その人だけの宝であり、今後、何かを修得するときの大きな武器になる。

それに対して、弱気で謙虚で、思いきってやれない人というのは、何の体験も残らない。反省ばかりしていても、社会での経験、実績、知識、実力がついてないから、いくら謙虚であっても世の中の役に立たない。だから神様も、少々天狗になろうとも大目に見てくれて、その代わり、あるところまで来たら、にっちもさっちも行かなくさせ、自らを反省するように仕組んでくださるのである。

たとえば、小・中学校時代に劣等生だった人が、一念発起して人もうらやむような優秀な高校に入り、「おれはこんなに勉強ができるんだ」と天狗になったとする。こういうとき神様は、大学受験に失敗させて大恥をかかせることで、天狗の鼻をへし折ったりする。あるいは、おれは優秀な大学を出たんだと自信満々で社会に出たら、あっちからもこっちからも叩かれて失敗する。なぜ、そんなふうに鼻をへし折るのかと言うと、その人間が憎いからではない。一度、へし折っておかないと、それ以上登れないからだ。

そういうわけで、とりあえず天狗になってもいいから志を立てること。これが弱気を克服するための第一歩である。

日々発願《ほつがん》主義は朝の発願から

そのためにはどうしたらいいかと言うと、日々発願主義をとればいい。

日々発願主義というのは、自分自身の中の霊界を大きくして強くしていくことであり、ここに掲げる五聖願《ごせいがん》を上げれば、自分の中の霊界を強くすることができる。

一　願わくば真諦《しんてい》を得せしめたまえ（真理を体得させてください）
二　願わくば上乗《じょうじょう》に至らしめたまえ（向上させてください）
三　願わくば功候《こうこう》を積ましめたまえ（功《いさおし》を積ませてください）
四　願わくば衆生を済度ならしめたまえ（人々を救済させてください）
五　願わくば神様の御用に使わしめたまえ（神様の御用にお使いください）

この五聖願を毎日発願をして、自分の魂に真の柱をバシッと打ち立てるのだ。そうすれば、大直毘が立つ。

この原則に則って、弱気を克服する方法を解説すると、第一番の方法は、毎朝発願す

ること。言わば、朝の朝礼で自分の目標を宣言するようなつもりで、神様に向かって発願するのである。セールスの会社では毎朝、

「今日のノルマを言ってみろ！」

「はい、私はきょう英会話のカセットを二〇セット売ってきます」

「私は三〇セット売ります！」

「何、三〇セットもやれるのかね」

「はい、必ず達成します！」

「ようし、今日もみんなでがんばるぞー。エイエイオー！」

なんていう光景が繰り広げられている。

その直前までは全然やる気がなくても、自分でノルマを設定し、それをみんなの前で宣言すると、弱気の虫はともかく引っ込む。だから、十年一日のごとく「エイエイオー！」が繰り返されているのだが、あのやり方でいいのだ。

約束する相手が目の前にいなくてもいい。そのときは、神様に約束するのだ。「きょうは英語を三時間、数学を三時間、苦手のところだけを集中して勉強します」とか、あるいはもっと具体的に、「問題集を英数二〇頁ずつ、解けるまでがんばります」とか約

束する。その場合は、口に出して言うことが大事で、紙に書いて張り出せばもっといい。

日々の発願で不可能が可能に

そうやって日々発願して、魂の真柱を立てていくと、神様がパッとかかってる英知とご守護をいただく。その結果、目標が達成できると、「こんな自分でも、やればできるんだ」という気持ちになる。それが積み重なると、ものすごい自信になる。

そのままで終わっていたら天狗になるが、絶えず己を振り返って祈り直していると、いつも神様がかかっている状態になり、ますます英知とご守護をいただけるようになる。立志伝中の人物とは、こういう大切なポイントを教えられなくてもやっていたのではないだろうか。

立志伝中の人物というのは大方、無から有を生んだ人だ。逆境を跳ね返して、一つの会社を立ち上げ、大きく発展させたような人じゃなければ、社会的な影響力を持ち、人さまから尊敬されるような人間になれない。最初から大会社に就職し、売りやすい商品を会社の看板をバックにしながら売っているなんていうのは、当たり前のこと。日々の発願をするまでもないことだ。

男性にしても女性にしても、日々に発願しながら「やった、できた」という体験、経験、実績を積んでいくと、弱気が消えていき、雄々しくて強い人間になれるはずだ。そのためにも、日々の発願、毎朝の発願を絶対に忘れないようにしたい。

人間はみな、弱いもの。一見、強そうにしていても、内心をさぐっていけば、誰だって不安でいっぱいで、一日、御柱を立てなかったらフニャとなってしまう。世の中の現実を見たら、やっぱりダメだなと思うことが多い。周りを見れば、立派な学歴を誇ってバリバリ仕事をこなしている人は多いし、身長が高くて、恰好いい人も多い。そういう人たちを見ていると、「やっぱりぼくなんか、モテるわけないな。逆立ちしたって勝てるわけないな」と思ってしまう。

しかし、できてもできなくても、「きょうもまた、最高に素晴らしい女性とめぐり会うんだ」と思うと、顔が生き生きしてくる。生き生きしていれば、どこか魅力がある。現状を変えるほどの人間は、日々発願して、絶えずこうするんだと自らを鼓舞しているもの。そうやって、魂の柱を毎日立てている人にだけ神様のご守護がかかり、不可能が可能になるのだ。

これを一日最低でも一回やらなかったらダメだ。だから日々発願主義と言うのであって、週々発願主義では無理だ。発願は毎日立てるもの。理想を言えば、一時間ごと発願主義だったらさらにいい。「よし、ぼくはがんばるぞ」と一時間に一回立てていけば、さらに意志強固、巌のような強い人になれること間違いない。

霊媒体質で顔が真っ黒になった

そんなことをするだけで性格が変わるものかと思う人に、実例を示そう。と言っても、私自身のことであるが、私はそうやって臆病な人間から明るく元気で爽やかな人間へと変わっていったのである。

子どもの時分、私がいかに弱気で軟弱で、劣等感にさいなまれていたかについてはすでに述べたとおりだが、私にはもう一つの悩みがあった。実は私は、超が付くほどの霊媒体質だったのだ。霊の姿が見えるとか、声が聞こえるという人はたくさんいる。だが私の場合、そんな次元ではなかった。顔が真っ黒になるのだ。別にお風呂に入らないからじゃない。そのころは毎日お風呂に入っていたけれども、一日でもお祈りしなかったら、洗面所の鏡に映る自分の顔が真っ黒になっているのだ。信じてもらえないだろうが、実際そうだったのだ。

では、なぜそんなことになるのか、そのころはさっぱりわからなかったが、今になって思えば、要するに、地獄界に落ちている欲の深いご先祖が憑くからなのだ。

一般論的には、真っ黒な顔をしているのは欲の深い霊、赤茶けたのは怨念霊、赤黒いのは色情因縁の霊であることが多いが、私の場合は真っ黒。それは欲深い霊が憑いていることを意味する。

私の家は代々、酒樽づくりを家業としてきて、いっときは日本一の酒樽屋だったらしい。私はその七代目に当たるのだが、それだけの事業をやっていたのだから、中にはすごい欲深い人がいてもおかしくない。しかも私は長男だから、因縁を背負うハメになる。今はもう因縁は切ったけれども、そのころは因縁をひどく受けていて、日々お祈りをしなかったら、顔が真っ黒になった。ところが、

「きょうも神様のために、みんなのために、世のためにがんばります」

などと、二〇分ほど真剣にお祈りしてやると、黒かった顔がピカピカと明るく光ってくる。そして、明るく元気でさわやかな、何かやれそうだという気持ちになる。逆にお

祈りを一日でもしなかったら、顔は真っ黒だし、やっぱりダメだと落ち込んでしまう。

何ゆえにこんなにも落差が激しいのか、自分でもわからなかったが、そのために私は、生理的に神様に祈らざるを得ないような人間になったのである。もちろん、もの心ついたころから神様が好きだったということもあるが、私が祈りの生活をするようになったもう一つの理由は、極度の霊媒体質ゆえに一日でも祈りを欠かせば顔が真っ黒になるからであった。

人によかれという祈りが通じて、我によかれは通じない

かくして、十五歳のときから日々発願主義の生活が始まったわけだが、次第に「ぼくにもやれるんだ、できるんだ」と自信がついてきた。神様にお願いしたことは、ピッタリとうまくいくからである。逆に、お願いしなかったことは、うまくいかない。やっぱりお祈りの力はすごいんだ、とますます確信を深めていった。

それとは別に、もう一つ、大きな発見があった。それは、自分のことでお願いしたことはことごとく失敗して、人さまのためにと思ってお願いしたことは成功する、という

ことである。つまり、成功させようと思ったら、人さまのためのお願いの中に、どこか自分の願いも入れておけばいいんだ、ということがわかったのである。

われがよしになるためには、人もよしから祈りに入らなければならない。そうせずに、われよし心で祈ったら、顔が真っ黒になるから実にわかりやすい。

まず人もよし、人もよしと祈る。そのうち、祈ったその人に何かいいことがあったら、自分に返ってくる。地球は丸いんだ。そう考えるようになって、すべてがうまくいくようになったのである。

十五歳のころから、いろいろなことをお願いしてきた結果として、

「みんながよかれ。そして、自分もそうありますように」

と、毎日真剣に祈っていたら、すべてがうまくいくという法則を発見した。今の私はそういう体験を、たっぷりと何十年もやっているから、大勢の前でお話ししても微動だにしない。それはこのような体験がモノをいっているからで、それまでは、弱気中の弱気だったのである。私にできたのだから、みなさんもできる。日々発願主義で、弱気は克服できる。毎日、毎日、最初の三〇日、三カ月、一年、三年続けていくと、その分だけ運勢は変わっていく。これが一番大切なところであり、性格は必ず変わる。

「勝っている」イメージを訓練せよ！

以上述べた日々発願主義に加え、イメージトレーニングをしたら、さらに大きな効果が期待できる。

弱気の人はとかく、「ダメじゃないか」「失敗するんじゃないか」と、否定的なイメージを連想しやすい。

日々に発願するときでも、

「多分ぼくはダメだと思う。いままでもできなかったし、これからもできそうにない。お父さんも、お母さんもお兄さんも、みんなロクな人じゃないし、ぼくも同じ遺伝子を継いでいるから、きっと失敗すると思いますけれど、何とかがんばりますのでお願いします」

というお祈りをしがちだ。

だが、それではダメ。一応、前向きに努力する姿勢で祈っているものの、イメージの中がネガティブで消極的だからだ。そういう発願では、なかなかうまくいかない。

たとえ心の中ではハラハラドキドキしていて、ダメじゃないかという不安と葛藤があったとしても、イメージの中では成功したシーンを浮かべなければいけない。

その上で、「神様、必ずそうしてください」と祈ると、イメージの世界が明るいから必ずそうなる。必死に祈って発願していても、イメージの中でいつも負けていたら、暗めな発願になってしまう。真っ黒なサングラスをかけて、神様にお祈りしているようなものだ。

神様には、明るく元気で生き生きと発願しなければいけない。ますます素晴らしくなりますように、もっと素晴らしくなりますようにと思ったら、幸運が向こうのほうからパッと飛んでくる。だから、いつも成功しているイメージトレーニングをすることだ。これができると、消極策から積極策へ、暗い想念から明るい想念へと変えることができる。

想念法と呼ばれるものも、このイメージトレーニングの応用だ。イメージトレーニング、最近ではとくにスポーツの練習に取り入れられていて、大きな効果を上げているらしい。

実際に自分でやってみたら、いかに効果的かよくわかるはずである。イメージの中でいつも勝っている訓練をすると、弱気を知らない間に克服できる。しかし、弱気を克服できるのはいいが、度が過ぎると傲慢になる可能性がある。過度にならないように気をつけないといけない。

「大死《たいし》一番、死して大生《たいせい》する極意なり」

一に発願、二にイメージトレーニング。これを実践すると、そこそこの成功を収めることができるだろう。

車のセールスマンであれば、地区のナンバーワンぐらいにはなる。スポーツだったら、イチロー選手や野茂選手ほどまではいけなくても、インターハイの県予選とか、市民運動会の綱引きとか、勤労者水泳大会のオジサンの部の一位ぐらいにはなれるはずだ。しかし、超一流を目指す人は、同じトップでも地区のトップではなく全国のトップを目指すべきだ。それを可能にするものは何かと言うと、死を決意する訓練。

禅宗では「大死一番、死して大生する極意なり」という。死して大いに生きるとは、一体どういうことなのか。これについて少し考えてみよう。

徳川家光のときの幕府の剣術の指南役で、柳生新陰流《やぎゅうしんかげりゅう》をつくった柳生但馬守宗矩《たじまのかみむねのり》という人に、こういう逸話がある。

柳生但馬守宗矩があるとき、一人の武士とすれ違った。見ると、その武士の全身から素晴らしい霊光《れいこう》が輝いている。その瞬間、柳生但馬守宗矩、「これはただ者ではない」と思い、つかつかと歩み寄って尋ねた。

「私の拝察するところ、あなたは必ずや一流一派の開祖、もしくは後継者、それほどの人物とお見受けするが、いかがでございますかな」

ところが、その武士は、

「滅相もない。一流一派どころか剣道もたいしてうまくございません」

とニベもない。

「いや、そんなはずはない。私の目はごまかされませんぞ。あなたは世に名のある方に違いない。私の目をごまかすことはできません」

「いや、そういうことはございません」

「いやいや、必ずそうに違いない」

二人は押し問答になった。何度尋ねても、その武士は首を横に振るばかり。しまいに宗矩も、

「これはおかしい、私の目に狂いが生じたのだろうか」

と思ってまた聞いた。

「それではお尋ねする。あなたは日々、どのようなお覚悟で生きておられるか」

「私も武士のはしくれ。主君に一旦緩急《かんきゅう》（さし迫った状態）あればいつでも死のう。私の主君に万が一にも何かがあったときには、喜んでいつでも死のうという覚悟は持っております。今日もし何かが主君にあったら、いつでもみごとに死ねるように。そう思って毎日お城に上がるようにしております」

と、その武士は答えたのである。

これを聞いた宗矩、「ああ、なればこそ」と膝を叩いた。

ときは江戸、平和の時代に入りつつあった。武士たる者も、安穏栄達を求める風が強まっている中で、武士として当然の心構えを持つ人が、これほどに輝いて見えるとは……と宗矩は深く感動した、という話が伝わっている。

人は、その死に臨む姿勢で、日ごろの心構えがどのようなものであったのかがわかる。日ごろ偉そうに言っていても、死ぬべきときに、みごとに死ねない人間はそれだけの人間だったんだ、ということになる。やはり、今日まで養ってきた精神を実行で示すのは、死ぬタイミング。死ぬ瞬間、どのような気持ちで死ぬのかということが大事なのだ……という『葉隠《はがくれ》』のエッセンスを、その武士は柳生宗矩にこともなげに話したのである。

主君に何かがあったときにはいつでも死ねるようにという心がけで、毎日お城に上がる。それぐらいです、と。柳生宗矩は、

「うん、それだ、それこそがすべての達人に共通する精神性なのだ。なるほどわかった。やはり、私の目に狂いはなかった」

最終的な武術の極致、極意は、「大死一番、死して生きる」ところにあることを教える逸話である。

稽古ではすごく弱かった近藤勇

拙著『神霊界』（ＴＴＪ・たちばな出版刊）にも書いたが、有名な新撰組の近藤勇は、稽古のときには沖田総司や土方歳三にバンバン撃ち込まれるほど弱かったという。しかし、いざ出陣となると「今宵の虎徹は血に飢えている」という台詞を吐きながら、ここを先途と暴れまくった。真剣を握らせたら、近藤勇ほど強い人はいなかったと言われる

ゆえんである。

一方、道場の稽古では強い者でもいざ真剣を握って、死ぬ、生きるの殺し合いの場面になると、膝はガタガタ震えるわ、腕は硬直するわで、思うように剣を振り回せなくなることがある。度胸が据わっていないからだ。

「大死一番、死して大生する極意」というのは、死を恐れないことでもある。戦になったら死ぬか生きるかまったくわからない。どんなに腕に自信があっても、必ず勝てるという保証はどこにもない。ましてや、「相手は自分より強いのではないか」「やられるのではないか、死ぬのではないか」と一瞬でも思ったら最後、おじけづいてしまって稽古のときの十分の一の実力も発揮できない。竹刀とか木剣ではまず死ぬことはない。稽古にはその安心感がある。だが、実戦となると常に死と隣り合わせである。だから、死を恐れる人は、稽古でいくら強くてもいざ本番になったら、普段の力が出せないのだ。

これに対して近藤勇は、普段からの死に対する覚悟が違った。おれは武士たる者としての務めを果たせばそれでいい。戦になれば勝つときもあれば負けるときもある。死ぬも生きるも天にお任せだ。死ぬときには喜んで死のう、という境地にあった。だから、剣を持った姿に隙がない。全身からほとばしり出る霊力《れいりょく》がある。そのほとばしり出る霊力でもって、敵をバッタバッタとなぎ倒してしまうのだ。

現代は、近藤勇や柳生宗矩の生きた時代とは全然違う。真剣を握って命がけで主君を守ることが義とされる時代ではない。しかし、その精神性は大いに見習うべきだろう。とりわけ大きな事業をなし遂げようというのであれば、「大死一番」の覚悟が必要だ。ここ一番、死を超えていくぞという勇気と根性がなければ、成功など望むべくもない。

弱気になるのは、もし失敗したらどうしようという心が働くからである。しかし、失敗したらまたやり直せばいいだけのこと。失敗なんか恐れることではない。よしんば死ぬことがあったとしても、それも本望だ。それくらいの根性を据え、魂からの気迫にあふれていれば、迷いがない。不安もない。葛藤もない。当然、弱気なんかにはならないし、心が澄みきる分、相手の出方が手に取るように見えてきて、結果的に成功を収めることができるのである。

弱気で女々しい若き日の北条時宗《ほうじようときむね》

二度にわたって元寇を退けた執権《しつけん》、北条時宗も「大死一番、死して大生する極意」を体得した人だ。

北条時宗は、「鉄の肝っ玉」と称されるほど度胸の据わった人物であったが、小さいころの彼は、私の子どものとき以上にめそめそしていた。乗馬、剣道、槍、柔術とまるでダメ。何が好きだったかと言うと、お花や文学だったというのだから、まるで女の子みたいだった。

しかし、北条家の跡取りとして生まれてきたかぎり、いずれ第八代北条執権にならなきゃならない。十七、八歳ともなると、小さいころの天真爛漫さが薄れ、次第に陰々鬱々とした性格になっていく。自分は鎌倉の武士の棟梁になるんだと考えただけで、激しく落ち込んでしまうのである。

……自分にそんな務めが果たせるんだろうか。馬には乗れない、剣道は弱い、弓を射ても的に当たったためしがない。槍も持てない。剣なんか持ったら血が出るじゃないか。あんな荒々しいこと、怖いし、嫌だし、できるわけない。やっぱり自分にはお花とか文学が合っている。何万人もいる鎌倉武士団の棟梁になるなんて、絶対に嫌だ。ああ、私なんかこんな家に生まれてこなければよかった、いっそ女として生まれてきたほうがよほど安らかだった、女に生まれてくるべきだった。

年をとればとるほど時宗は弱気になり、迷いに迷っていた。そういうところは小さいころの私にそっくりで、つくづく身につまされる思いがする。

時宗は己を捨てて強気に

時宗は迷いに迷った末、北条執権をやめて出家でもしようかと、禅宗の坊さんに相談に行った。

ご存じのように鎌倉には、いまでも鎌倉五山と呼ばれるお寺のほか、禅寺が多い。中でも臨済宗の建長寺は当時、幕府のトップが信仰していたお寺で、当代の名僧がたくさんいた。しかし、いくら弱気でも、時宗も北条宗家のプライドがある。誰にでも相談するわけにもいかず、中国からやって来た無学祖元《むがくそげん》という坊さんに相談したのである。無学と称してはいるものの、無論、無学なんかではない。当時の最高の学識経験者である。

時宗は、正直に打ち明けた。

「かくかくしかじかなわけで、私には到底、執権にはなれません。自信がありません。私は女に生まれてくるべきだったと思います。どうしたらいいのでしょうか」

このとき、無学祖元は、こう言ったのだ。

「その時宗を捨てよ」

時宗はハッとした。

「この時宗を捨てる？」

「そのとおりだ。迷ったり葛藤したり、弱気になったり、北条執権なんかやれるんだろうか、どうなんだろうかと思っている、その時宗を捨てればいいんだ。そうすれば大丈夫だ」

時宗は尋ねた。

「捨てられるものなんですか」

「捨てられる」

「どうしたら捨てられますか」

「ただ黙って私の言うとおりに座りなさい」

「わかりました。それで捨てられるんだったら、言うとおりにいたします」

かくして時宗は、朝から晩まで座禅をするようになる。

「私は小さいときからお花とか文学が好きで、弓なんかできない。乗馬もできない。ましてや流鏑馬《やぶさめ》なんか到底できない。でも、そういうふうな念が出てくると思っちゃいけない。その念の出ることを恐れずに、その覚《さと》ることの遅きを恐れる。考えない練習をして、思っちゃいけない。思っている時宗を捨てきゃいけない。何も考えないんだ」

この姿勢を荘子は「迎えず送らず」と言っている。迎えずというのは、まだ来もしない未来のことに気持ちを迎えてはいけない、という。送らずというのは、もう過ぎてしまったことをああすればよかった、こうすればよかったと心を送ってはいけない、ということ。つまり、迎えず送らず、目前のことに専心しなさい、ということである。その迎えず送らずの境地を、時宗は座禅の修行で身につけていったのだ。

蒙古襲来に時宗は動じない！

蒙古軍が大挙して北九州の海岸に押し寄せてきたのは、そうした折りであった。よもやの奇襲に日本軍は敗走に次ぐ敗走である。いや、敗因は奇襲だけにあったのではなかった。戦い方が旧来の武士のそれとはまったく違っていたのである。

それまでの日本の武士の戦い方と言えば、「やあやあ遠からん者は音にも聞け、近くば寄って目にも見よ、われこそは村上天皇の血を引きたる何の誰それなり」と、名乗りを上げてから堂々と戦いを挑むのがルールとされていた。戦にも非常に文学があったわけだ。

ところが、蒙古軍はまるで違う。頭には見たこともないヘルメットをかぶっているし、ジャンジャンドラを鳴らすのでうるさいといったらない。しかも、「やあやあ遠からん者は」なんて言っている間に、蒙古軍の長い槍でブスリと突き刺されてしまう。日本で戦うんなら日本のルールに従えといったところで、通じるわけがない。

蒙古軍はいよいよもって勢いを増し、長槍をかまえた兵士が集団で襲い押してくる。このままでは敗戦は必至である。あわてた前線の指揮官は時宗に使者を飛ばして、現状を報告する。

「到底、わが軍は勝つ見込みはありません。どういたしますか」

だが、時宗は微動だにせず、悠然と聞いていた。

ちょうどそのとき、蒙古の使者が着いた。

「これはフビライ汗からの密書の親書でございます。お読みください」

見ると、「速やかに降伏し、わが属国となるべし」と書いてある。

時宗の周辺の者どもは、誰もがみんな「ど、ど、ど、どうしよう、どうしよう」と顔面蒼白である。

そのとき、時宗は何と言ったか。「しばらく考えさせてください」とは言わなかった。「うん、わかった。答えは簡単。即刻、こいつらの首を斬れ」

と、その場で使者たちの首を斬らせた上、その首を敵に送り返したのだ。フビライ汗はその後、もう一度使者を出したが、またしても首を斬られてしまった。

蒙古軍の司令官にしてみれば、時宗の態度は到底理解できるものではなかった。その当時の蒙古軍は世界最強である。西はハンガリー、モスクワ、ペルシャ、東は中国本土、朝鮮まで力で従えていたのだ。

だから、使者が「属国になりなさい」とメッセージを持って行ったら、「はいそうですか」と言わない国はないと思っている。だから、日本に遣わした使者が首になって返ってきても、何かの間違いだろうとしか思わなかったのだ。しかし、ついに時宗の真意を理解したフビライ汗は、大軍を発して、福岡の海岸に攻め寄せさせた。

使者は斬れ！　攻撃は最大の防御だ

それにしても、時宗はどうしてしまったのだろうか。世界最強の蒙古軍を前にして、気が動転し、頭までおかしくなってしまったのだろうか。いや、そうではなかった。あの女々しく弱々しい時宗はすっかり姿を消し、いよいよ「鉄の肝っ玉」ぶりを発揮し始めたのである。

時宗はまず、海岸へ厳重な警備を命じ、西国一円の武士を博多湾に動員した。今の筥《はこ》崎宮《ざきぐう》があるところで、水際作戦を敷くことにしたのだ。蒙古軍が海上から上陸したあと、地上戦を挑んだところで勝ち目はない。相手は陸戦にかけては滅法強く、勇猛果敢な大和の武士をもってしても手に負えないことは、これまでの戦いで十二分にわかっている。

そこで時宗は、敵が上陸する前に撃って出れば勝てるのではないか、いや、勝つ見込みはそれしかないと考えた。敵が上陸しかけているその刹那、ワーッと矢を射かけたり、石を投げたりすれば、敵は集団戦法もとれないし、火薬も使えない。そうなれば勝てる。そう考えた時宗は、鎌倉の武士たちまで動員して、いまの筥崎宮のあたりまで行かせたのである。

この水際作戦は功を奏し、随所で上陸を防ぐことができた。しかし、長い海岸線をすべて防御するとなると、これはできる相談ではなかった。

何しろ押し寄せてきた蒙古軍は、第一回目の文永の役のとき五万人、第二回目の弘安の役で十四万人という大軍である。それが何千、何万という船に分乗して攻めてくるのだから、長い海岸線をすべて守りきるのはどう考えても不可能である。

博多に行くと、海の中道という細い砂洲があるが、蒙古軍はあそこにも上陸して、日本の武士たちと激戦になった。そういう戦況のときにまたまた使者が来て、降伏せよと迫ったが、時宗は三たび首を斬る。その度胸は「鉄の肝っ玉」と呼ばれるにふさわしいものであった。

その時宗に比して、剛毅で鳴る鎌倉武士たちは形なしである。日ごろ強そうにしている連中も、みんなオロオロするばかり。弓矢の達人、槍の名人、乗馬の名人、みんなオロオロだ。蒙古の軍勢は、自分たちの既成概念にない敵だったからだ。まるでエイリアンでも見る思いだったのだろう。

だがしかし、一人、時宗だけは違っていた。平然として使者の首を斬ったのは述べたとおりだが、それだけではなかったのである。

何と時宗は、

「今のままでは埒《らち》があかない。攻撃は最大の防御なりと言うから、わが軍のほうから船を仕立てて、蒙古の本陣に出撃すべきである」

と切り出したのである。これには、武士たちアッと驚くばかり。中には、あまりの奇策に腰を抜かす者もいた。日ごろは強そうにしている武士たちだったが、いざとなったらまるで腰砕けなのだ。

「えっ、蒙古のほうに、こっちから進撃していくんですか」

「そうだ。このままでは埒があかない。防御だけでは勝てない。わが日本のすべきことは、侵略する者を打ち負かすしか道はない。蒙古の船よりもっとでっかい船を建造して攻め入って、本陣を落とすんだ」

この奇策、実現するまでには至らなかったが、武士たちは小舟に乗って蒙古の軍船に近づき、火矢を射かけたり切り込んだりはした。蒙古軍は昼には陸に攻め寄せてはきたものの、夜になると船に帰っていた。その寝込みを襲って、相当の戦果を上げたのだ。

そのように、棟梁である時宗の強気のおかげで、どうしよう、どうしようとオロオロしていた武士たちの動揺も納まって、一致団結したのである。

このときの時宗の取り計らいと意欲がなかったら、神風が吹く前に、日本は滅んでいたに違いない。神風が吹いたのは、そのあとだからである。

時宗の下に国中がまとまったから神風が吹いた

一致団結したのは鎌倉武士団だけではなかった。

日本国中が心を一つにして、国難に当たったのである。たとえば、亀山上皇は、伊勢神宮にお参りをして、日本の国を守らせたまえと祈ったが、そのときの敵国降伏祈願が筥崎宮の額になって、いまでも残っている。

日蓮上人も国のために祈った一人である。このとき日蓮上人は、こう語った。

「そら見たことか。法華経を信じないで南無阿弥陀仏なんか信じるから、こんなことになるんだ。法華経を信じなかったら内紛が起きて、外的の侵略に遭うぞと忠告していたではないか」

たしかに日蓮は、国難がやってくると『立正安国論《りっしょうあんこくろん》』で予言をしていた。そのときは幕府方の誰一人信じるものがなく、かえって国を乱す者として流刑にされてしまったのだが、なるほど日蓮の予言したとおり国難がやってきた。そこで、わりかし日蓮の言うことも当たっているじゃないかということで、佐渡から帰されたということが記録に残っている。

たしかに、日蓮上人が『立正安国論』を出したことも、亀山上皇がお祈りしたのも、それなりに効力を発揮しただろう。

しかしこのとき、蒙古の使者の首を斬って送り返し、また水際作戦をとって敵を打ち返すばかりか、中国本土へ攻め上るんだというぐらいの気概が時宗になかったとしたらどうだろう。おそらく、神風が吹く前に、日蓮も亀山上皇も関係なく、日本は滅ぼされて属国になっていたに違いない。日本の歴史は終わっていたのだ。そう考えると、今日、日本が独立国であるのは、国難に対する時宗の肝っ玉のおかげと言っていい。

そうして、こちらのほうから攻めていくんだ！　と、時宗以下、鎌倉武士が一丸となったときに、神風が吹いたのである。神風が吹かなかったら、日本が滅んでいたであろうことは確かである。しかし、考えなければならないのは、なぜ神風が吹いたのか、である。時宗の「鉄の肝っ玉」があったからである。

このように、その時代のシナリオとそれにふさわしい役者が揃っていたから、天照大御神および神々様が働いて神風を吹かせたのである。

天の岩戸がパーッと開いて、神風が吹く。神様が岩戸の中から出ていらっしゃる前に、やはり時宗という手力男命《たじからおのみこと》がいて、日本国民と鎌倉武士たちの気持ちが手力男命と一つになったから、神風が吹いたのである。

だから、会社を経営する場合も、社員一丸となって仕事に取り組むことが大切で、そうすれば社運が隆昌する。国運も同じで、明治時代、日清、日露という勝ち目のない戦争に勝つことができたのはなぜかと言えば、日本国民が明治天皇を中心に一丸となっていたからである。

一度は、我と慢心と権力が出すぎて神様から戒められたが、第二次世界大戦で負けたあと、昭和天皇を中心に国民が一丸となって祖国を再建しようとしたから、神様のご加護で、世界の奇跡と言われるほどの復興を遂げることができたのだ。

オイルショックのときにも、重厚長大から軽薄短小への産業構造の転換を目指して、上下一つとなって取り組んだから、みごとに成功を収めることができたのである。

日本は国民がよきにつけ、悪しきにつけ、国民が上下一丸となったら、とくに危機に対して一丸となったら、神様が動いて不可能を可能にするという体験を持つ国民なのだ。

蒙古襲来のときの神風は、時宗の決断実行の下、鎌倉武士団が一丸となったから吹いた。一回だけなら、たまたまということもあるが、二度目の襲来のときにももう一回吹いている。しかも二回目のほうがすごかった。蒙古の軍勢も、二回目には一回目の三倍の勢力で押し寄せてきた。それだけ日本はピンチだったわけで、その分、いよいよ一丸となったから、いよいよ大きな神風が吹いたのだ。

蒙古のフビライ汗は、もう一度日本を攻めようとしたらしいが、二度目のときに一〇万人をいっぺんに失い、生き残った三万人ほどの兵隊も、日本に漂着して皆殺しにされるという、あまりの惨敗ぶりに、二度と日本を攻める気にならなかったと伝えられる。

歴史の本を見ると、日本側が考える以上に日本の武士たちは勇敢に戦って、蒙古軍に相当被害を与えたとか、日本遠征のための軍船づくりを命ぜられた中国の船大工が、日本攻めの片棒をかつぎたくないのでボロ船をつくったとか書いてある。

つまり、百戦錬磨、不敗の蒙古軍は、日本に攻めてきたら負けるように、いろいろと仕組まれていたのである。神様はそういうように仕組まれながら、日本人たち全体を見ておられて、一丸となったなと見て、神風を吹かせたのだ。

時宗の決断実行は経営者に通じる

そこでもう一度、執権時宗の役割を考えてみよう。

北条時宗は「鉄の肝っ玉」、「鉄の度胸の人」と言われている。蒙古襲来に際して何のためらいもなく、攻めて行くんだと決めた。これぞまさしく「迎えず、送らず」の心である。

その時宗は、子供のころはなよなよ、めそめそしていた弱気の塊のような人間だった。そういうくよくよ迷う「その時宗」を捨てて、「迎えず、送らず」の心で、最大の危機を打開する指導者になった。

では、北条執権とは、いかなることなのか。

別に弓がうまくても立派な執権ではない。馬術に長じているからといって、立派ではない。槍がうまかったからといって、棟梁が務まるわけではない。そんなのは下っ端がやればいいのであって、決断力と実行力をもってみんなを引っ張っていくこと。これが長たる者の最大の使命である。なすべきことをなすべきようにやる決断力、実行力、これがなければ、長たる者の資格はない。

だから、敵が集団戦法で攻めてこようが、火薬を使おうが、爆弾を使おうが、ガンガンどらを打ち鳴らそうが、長槍を振り回そうが、圧倒的に不利であろうがなかろうが、そんなことは関係ない。要は、勝つか負けるか、戦うか降伏するか、二つに一つだ。降伏しないと決めたら、何のためらいもなく使者の首を斬って、追い返す。降伏しないと決めたら、たとえ相手が強くても、どのみち滅ぼされるんだったらこっちから打って出るんだと腹を据える。やることは一つだ。時宗は執権として、つまり当時の総理大臣として、その役割を果たしたのだ。

時宗の役割は会社の経営者に通じる。躊躇なく、ためらいもなく決断できて、実行できるというところが、長たる者の責任だからだ。

だから、為政者、政治家、実業家には曹洞宗の禅をやっている人が多い。長たる立場に立てば、いつも迷いがあるし、孤独だし、決断と実行をいつも強いられているからだ。迷いの雲を瞬時に打ち払って、雄々しく決断する。それが組織の上に立つ者の使命なのだ。

そうやって一つのことを決断したら、次にまた、新しい問題点が必ず出てくる。その問題を解決したら、またまた新しい問題が生まれてくる。つまり、経営者をはじめ組織の上に立つ者は決断の連続を強いられるわけで、その決断ができなかったら、部下を迷わせる。しかも、決断したことは自分の責任であるから、会社が倒産したら、法律上の代表者が責任をとらなければいけない。だから、ますます孤独になるし、ますます緊迫する。その孤独感と緊迫感に耐えられない人には、とてもトップは務まらないだろう。

そのトップを長く務めている人、たとえば会社の社長をずっとやり続けている人は、やはりそれだけの人間の器がある。小なりと言えども、一つの会社の利益を出し続けるというのは、大変なことだ。それだけの決断と実行をして、一歩間違ったら潰れるという危険性をいつも背中にしょっているから真剣なのだ。

大死《たいし》一番でなければ強敵に勝てない

時宗もそうだった。蒙古との戦いを前に、何かを得ようとすると何かを失う、さあどうなんだと自問し、大死……大いに死ぬんだと決断したのだ。どのみち相手は強すぎて勝つ見込みがないんだったら、降伏するかしないか、二つに一つしかない。では降伏するか。武士たる者、国を預かる者として、それはできない。だったら戦う道しかない。

戦えば、滅ぼされて死ぬかもしれない。それでもいい。ようし、同じ死ぬんだったら、大いに戦って死んでやるぞ。

大死一番。そう覚悟を決めれば、迷いも消えれば、躊躇もなくなる。その上、神々様や守護霊様、守護神様が、大いに一つになって応援してくださるから、人間様を超える力が出てくる。だから、死して大いにというのは、肉体が死ぬのではなく、死んだ境地のこと。大いに生きるという極意なのだ。

近藤勇もその極意を体得していた。あしたは戦だというときには、もう死んだ気になる。ようし、大いに死ぬぞと覚悟を決めて、死を恐れずに戦うから、相手のわざも見えるし、こちらの腕も冴えるわけだ。

「ＯＫ牧場の決闘」で有名な、保安官のワイアット・アープは、生涯に五〇回も決闘したが、自分に弾が当たったことは一度たりともなかった。兄や弟は撃たれるが、ワイアット・アープは撃たれない。彼につき合って決闘した人たちは、大勢撃たれて死んでいるので気の毒な気もするが、それも運命というか法則なのだ。

しかし、アープは自分だけ助かろうと思って行動したわけではない。自分が一番に死んでやろう、死んでもかまわない、という境地で戦うから、相手の懐に飛び込んでいって倒せるのだ。

柔道でもそうだろう。たとえば、あの田村ヤワラちゃんの試合を見ると、瞬間的に相手との距離を自分から詰める。どちらも相手を投げ得る体勢になるのだから、自分から死地に入ることになる。その瞬間に「投げられたくない！」ではなく、「投げられてもかまわない！」という覚悟があるから、必ず勝つ。

こういう境地に立つ、ということを私たちは学ばなければいけない。そうでなければ、大いなる事業をなし遂げることなど不可能である。それには、日々不断に、毎日の発願のときにも、志を立てるときにも、この「大死一番」の練習をすることだ。

ビジネスであれば、「断られたら恥ずかしい」のではなくて、「断られたからどうだって言うんだ」と、新規のお客に向かっていく。

勉強であれば、「周りのレベルが高いと自分が惨めだ」と低いレベルの学校を受けるのではなく、「それがどうした。周りが高ければ自分がもっと高くなればいい」と立ち向かう。

そうやって、自分を練っていけば、本当に大死一番の決断が必要なときに、自然に覚悟が定まるようになるはずである。

マムシに噛まれない歩き方

たとえば、ハイキングでも山登りでも、沢下りでもいい。この山道にはどうもマムシが出るらしい、というとき、グループの中のどこを歩いていたら安全か。先頭か二番目か三番目か、はたまた最後尾か。答えは先頭。大死一番、マムシの中に行くのである。

ハブでもマムシでも、先頭の人間が近づいてくると、「あっ、人が来たな」と気がつく。それで、飛び掛かろうと体勢をかまえるのだが、そのときはだいたい、先頭が通りすぎて二番目の人が目の前にいる。そうやって体勢をかまえてパッと飛びつくと、二番目が噛まれるかと言うとさにあらず。三番目が噛みつかれるのである。三番目を歩いている人がよくマムシに噛まれるというのは、そういう理由なのだ。

だから、嫌な友達がいたら、「わしが先頭を行くから、三番目を歩け」と言って、森の中を歩いていくと、可哀相にその人がヘビにやられる。最初と二番目、真っ先に行く人間は、かえってやられないのだ。これはちょっとセコイが、死中、活を得るということの実践法だ。

戦闘機の空中戦でも、先頭で突っ込む隊長機というのはあまりやられない。向こうの敵は、編隊の二番目か三番目を狙うから、そのへんが一番やられる。ワイアット・アープもおそらくそうやって戦ったんだろうと思う。

大死一番は神人合一《しんじんごういつ》の極意

時宗のように、近藤勇のように、「武士道とは死ぬことと見つけたり」の境地で臨めば、素晴らしい結果を残すことができる。何回やっても絶対に成功する。そのためにも、大いに生きんがために大死一番という気持ちは絶対に忘れてはならない。死ぬんじゃないかと思ったら、迷いの雲が出てくるから本当に死んでしまう。しかし、大死一番で臨めば必ず守護がある。神様が必ず守ってくれるのである。大死一番の覚悟を決めた人には、いつでも神様、守護霊様が応援してくれて、神人《かみひと》一体になる。これが、本当の信仰に基づいた度胸だ。

実践的な信仰体験に基づく、本当の度胸のある人は、みんなどこかにこういう信仰を持っていて、それが心の支えになっている。「お願いします、お願いします」と祈るだけではダメで、手力男が天岩戸《あめのいわと》をガーッと開いて、開ききったその瞬間、パッと魂が出てくる。顕在意識と己を乗り越えた自分がある。それも消極的に乗り越えているのではなく、積極的にバーンと乗り越えているから、神様がそれをパッと受けてくれて、神《しん》力《りき》が授かる。守護霊と一体になる。これが、神人合一（人と神とが合体してスパークした状態。人間ばなれした妙なる力、働きを発揮することができる）の極意なのだ。

これであなたの弱気は克服

少々度胸があるとか、少々肝っ玉がある程度の人なんかには、私は絶対に負けないし、何千、何万という人の前に出ても平気だ。講演会でも、十秒前まで何を話すか決めてなくても、全然困らない。みなさんの前に立てば、必ず神様が出てくるからだ。そのときに、「もし何もひらめかなかったらどうしようか」なんて思ったら、問答《もんどう》（神霊と一体となって相手の思いこんだ固定観念を指摘し、枷をはずすことにより魂の向上をはかり、その人を幸せへと導く）なんかできない。何千人と入るホールでやるときにも、もしこれで失敗したらどうしようなんて思ったこともない。もう舞台に立ったら大死一番、死んだ気持ちでやるだけだ。

私はこのように、自分を乗り越えている。実際にこれまで、百回やって百回とも神様がかかって、全部成功している。躊躇したとき、ためらったとき、心配したとき、弱気になったとき、不安感を持ったとき、迷ったとき、そういうときは、全部失敗している。エーイ、何とかなる、これで死んだら本望だというときに、神様のためにと思って死んだら本望だ、笑って死んでやるぞと思っていったら、全部、成功している。神様が動いてくれるからだ。

私は、前述したように、読者のみなさんよりずっと気が弱く、体も小さく、お祈りしなければ顔が黒ずむような子どもだった。そのころの私よりは、みなさんの今のほうがよほどハンディが少ないはずだ。

その私が、自分の体験から見つけた自分自身を変える方法が、次の三つのやり方だ。

一　志を立てよ！

二　毎朝、発願せよ！

三　大死一番、死して大生せよ！

みなさんも私も、戦国武将や近藤勇やワイアット・アープみたいに、人を大勢殺さなければならないということは多分ないだろう。しかし、その極意をエッセンスとして、日々の仕事に、生活に生かすことが大いなる成功につながる。そして、神人合一にも向かう。さらに、あなたの性格は変わって、積極的に明るくなり、弱気は克服されているのだ。

第四章　弱気克服の接心

「接心《せっしん》」って何だ?

私の主宰しているグループ、「ワールドメイト」では、だいぶ前から定例講義の中で「接心」というコーナーを設けている。私が行なっているのだが、会員のみなさんにも、喜んでいただいている。

「接心」とは何か。会員さんと私が一対一で向き合い、その人の中に眠っていて、ご本人が気づいていない素晴らしい部分を、気づいてもらおうというものだ。問答《もんどう》の一種だと思っていただいてもかまわない。

「接心」ではまず、私が質問する。色紙に書いた質問を相手の方に音読していただく。そして、その質問について、私が再度、再々度、質問して、その方に答えてもらい、自分の中にあるすぐれた要素に気づいてもらうのだ。

まわりくどいやり方だと思われるかもしれないが、ほかでは得がたい効果がある。それは少しずつ、少しずつ、それぞれの中の御魂《みたま》(人間の中の神なる部分)に接近することによって、すっきりと御魂が顕現《けんげん》することだ。こうして、無理なく霊層を高めていくことができるのである。

論より証拠で、「接心」がどういうものか、具体的に紹介しよう。ここでは、前の章で書いた「弱気克服」に関連する「接心」に限って、何例か読んでいただくことにする。

〈接心・その1〉情愛を超える道について

【深見】Nさんから始めましょう。Nさん、色紙を読んでください。

【Nさん】「情愛を超える道について」……（色紙の質問を読む）

【深見】どう思いますか。

【Nさん】いま、死ねますかということを、ずっと、ここ一年ばかり考えているんですが、なかなか死ねないんです。死ねたら一つスキッとするのになという気持ちで、質問のお答えを聞いていたんですけれども……。

【深見】実際の命をなくすというのは勇気の要ることです。自殺するのも勇気が要りますね。けれど、肉体を持って生きながら、いかに死ぬかということでは、土壇場に立った体験と環境がなければ、なかなかそういう気持ちにはなれないですね。

でも、死んだような境地、大死一番だったら、それができるんです。たとえばスカイダイビング、あれは飛行機から飛び降りるでしょう。それから手術ね。ぼくは注射するぐらいなら殺してくれと言いますよ。とくにスカイダイビングなんか、大空から飛び降りるのですから、絶叫しますよね。それだったら戦争へ行くほうがいいという感じですけど、それぞれ弱点箇所があるんですね。それでも、いざそこへ行くとなったら、絶叫するか、もう大死一番の境地でなければ、なかなかスカイダイビングなんか、思いきって飛び降りられませんね。自殺するときもそうでしょう。

けれど、大死一番、死ぬ気になったらスカイダイビングができる。そういう境地になるようなところを求めていくと勇猛心《ゆうもうしん》が出てきますね。肉体が死んじゃダメですけれど、死んだ境地でなければできないようなことをやるには、そういう環境に身を置く。「ねばならない環境」に自分を追いやる、それが味噌ですね。

だけど、あなたの場合、情愛を超えるにはどうしたらいいかということですね。たしかに死んだ気になれば超えられますけれども、でも家族のために命をかけて、ピストルとか日本刀を持って討ち死にに行くぞという勇気があるか。

「死ぬ気になって、命を捨てたからと言って、全部捨てたことにはならないぞ」と私は神様から言われました。

「死んでも捨てられないものがあるんだぞ」と。それは何か。

「神様のためなら死んでもいい」と思えるか？

【深見】

一言で言うと、我《が》が捨てられないと言われました。自分が気に入った道なら死んでもいいと思うんですね。自分が好きなことをやって、たとえばスカイダイビングが大好きだ、これでもし事故に遭って死んでも本望だ。自分が好きな道、選んだ道、そういうところで死ぬんだったら本望だと思って死ねます。

宮本武蔵も六十六たび果たし合いをして、一度も負けなかった。だけれども、その都度、死を覚悟したでしょう。剣術家として、死を覚悟して果たし合いをする。その境地まで行ったでしょうね。それでも、自分が好きで選んだ道なら喜んで死ぬけれども、好きでもない道で死ねるか、と。好きでもない道でも、神様が「お前ここで死ね」と言ったら、「はい、わかりました、喜んで死なせていただきます」と。それなら我《が》がないですね。

私も嫌なことばっかりやらされましたよ。こうだと思ったことは貫き通して、死んでもいいんだと思ってやりますけれども、「まだまだそんなもんじゃダメだ、自分が嫌いなこと、好きじゃないこと、なるべく避けたいことを、死ぬ気になってやれ」と。これは修業だと思わなければやれないですね。好みじゃないんですから。我を捨てなければできないことです。我を捨てると、中身はもう人間様じゃないから、神と一体、要するに神様です、中身は。好みの道でなくても躊躇なく、ためらいなくやれるというのが本当なんです。なるほど、命は捨てられても我は捨てられないな。そう思ったものです、私も。

さっき言ったように、神様への信というのがあるんだったら、神様のためなら死んでもいいと言うんですけれども、信じない道でも行けるのか、死ねるのか。なかなか、ここが難しいところです。そういう人は本当に我がないし、神様のような人ですから、神上がりしています。

楠木正成《くすのきまさしげ》は死ぬと知っていて出陣した

【深見】　楠木正成公の最期の戦いはご存じですね。湊川の戦いです。そのとき、楠公はこう建議したんですね。つまり、後醍醐天皇に作戦案を提案したんです。「足利尊氏の軍勢は、雲霞のごとく勢いづいて九州から攻め上がって来ています。これに対して、お味方は負け続きで、軍勢もバラバラです。ここは兵庫を戦場にせず、いったん京都以東まで引き上げるのが得策です。敵軍は都まで来て安心して油断するでしょう。そのとき淀川から攻め上がっていけば、必ずわが軍は勝てます。陛下は一度、比叡山にお隠れになってください」

と言った。

ところが、そんなことはできるかと坊門清忠という貴族が言ったんですね。

それ以外に、東軍の勝つ見込みはあまりせんと楠木正成は建議したんだけれども、聞き入れられなくて、水際で迎え撃とうということになったわけです。楠木正成公は勝つ見込みがないと思っていた。これで勝てるという自分の建議が通ったのなら、本当に思いきって行くでしょうけれども、自分の言ったことが聞き入れられなくて、みすみす負けるとわかっている戦に行く。そのときに、さしもの楠木正成公も悩んで、禅宗のお坊さんに相談したんです。

「そもさんか、生死の境とは」

生きる死ぬの境についてどう思うか、楠木正成公はそう言った。

するとその坊さんはこう答えた。

「両頭截断《りょうとうせつだん》すれば、一剣、天によって寒《すさま》じ」

生きる死ぬという二つの頭を切断する。一剣とは、そんなものを乗り越えるんだという自らの心、意志です。と同時に、現実の一剣にかけているわけです。一剣、天によりて寒じ。天命によって、ただただそこに定めがあるのなら、淡々と天命に従うのみだ。そこに苦しみ、悩み、葛藤はあるのか。

もう戦で負けるのがわかっている。しかも、自分が好んで行くところじゃありません。しかし、わが君の、帝のおぼしめしのままに行くのが臣下だ。

臣下の務めは勝つ負けるじゃない。建議はしたけれども、入れられなかったら、おぼしめしのままに死のう。超能力がありますから、勝ち負けはわかっています。わかっていても喜んで参りますというふうに行くんですから、我がない。しかも、喜んで行って、十七カ所ですかね、切り傷があって亡くなっていくんですから、立派な、みごとな死にざまです。だから、神上がりしていますね。人間様の持っている我を捨てた。そうやって楠木正成の御魂も上がっていったわけです。

【Nさん】「命を捨てても捨てられないものは我だよ」と神様はおっしゃいましたが、我も捨てて、命も捨てたら、残っているのは中の神様しかない。

【深見】我を捨てるというのは、頭では何となしにわかるんですけれども……。

あなたの場合だけれども、我を捨てると考えないほうがいい。あなたの場合の我というのは情愛。情けと愛に引っ張られている心。それをどうやって乗り越えたら、我がなく、魂が一歩ジャンプしたことになるかと、こういう問答ね。

何だと思いますか、Nさん。

【Nさん】わかりません。

【深見】答えを読んでください。

【Nさん】「悪く言われることを避けないことなり」……(色紙の答えを読む)

【深見】どこかでわかりましたね。頭がスッキリしたでしょう。学校の先生をしていて、みんなのためにといつも思っているからね。その自分を乗り越えよう、本当の愛に徹しよう、本当の道に徹しようと思ったら、どうしたらいいのか、ですね。家族、子ども、学校の生徒たち、一つのことをしたら何か言われるし、こっちのことをしたら何か言われる。思ったことをやろうとすれば、あの人のことも、この人のことも考えてしまう。そして、どうしようかな、と。悩みごとがいろいろあったりするけど、信じた道を行こうと思ったら、悪人になることを避けないことですよ。別に悪人になるわけじゃない。人に悪人だと言われてもいい。悪く言われることを避けない。それによって初めて、善人の道が達せられる。情愛を超えるというのは、そういうことです。

　誰でも人によく思われたい。自分が愛したように、人からも愛してほしいと思いますよね。情けと愛にとらわれている。それがわかったら、日常生活の中で死んだような境地になれる。

「以前のあなたはもう死んでしまったわ」と奥さんに言われる。「うん、そうだ、死んだんだ」と。

何か夫婦仲が悪くなるようなことをお勧めしているような気がしますが、そういう意味じゃなくて、日常生活でも、自分がこう生きよう、何かを得て役立とうと思ったら、何かを捨てなきゃならないということで、今日、お話ししましたね。

何を捨てるか。Aという人によく思われて救おうと思ったら、Bという人から少し悪く思われたりする。百人が百人、全部よく思われるのは無理ですね。それを八方美人と言います。だから八方美人になると、二方からは不美人と言われますよ。深い意味がありますので、学校でも家庭でも社会でも、迷った結果、こうだと思ったら、少々人から悪く言われることを避けないでやらなければいけませんね。

そうしたら、形が出たときにはかえって、「あのときはいろいろ反対しましたけれども、あれでよかったんですね、あなたの場合は」と言いますよ、人は。素晴らしい形ができたらね。いろいろと思い当たるでしょう。

【Nさん】周りばっかり気にしています。昔はわりと思ったことをやっていたんですけれども。三、四年前から、自分が本当に一生懸命やっていることが子どものためになっているかなと思い始めたんですね。今年四十になるから、教師をやめようかなと思ったんですけれども、ワールドメイトでいろいろとお話を聞く中で、自分の使命みたいなものにだんだん気づいてきまして、よしということで、今またがんばっているんですけど。

【深見】悪く言われることと言うより、どちらかと言うと、ええかっこしたいという自分がものすごくありますね。それを切るのにすごいしんどいんですね。だから、自分は今までそういう人の評価ばっかり気にして生きてきたみたいなところがあって、それを何か人の形で抜けようと今している。もがいている最中じゃないかと思っているんですけど。

もう一回読んでいただけますか、質問と答えを。

【Nさん】「情愛を超える道について」、「悪く言われることを避けないことなり」

【深見】霊層が五つほど上がりましたね。頭がスカッとしましたね。

【Nさん】　ありがとうございました。

〈接心・その2〉成長とはいかに？

【深見】　さて、その次、Mさん行こうかな。色紙を読んでください。
【Mさん】　「成長とはいかに」……（色紙の質問を読む）
【深見】　成長というのはどういうものですか。成長とは。
【Mさん】　ただ今、それがいいことか悪いことかわからないけれども、あえて自分にできないことをやっていって、それがあとでよかったか悪かったか、それが成長という形になっているのではないでしょうか。
【深見】　そうやっていろいろ考えながらがんばっているときというのは、成長じゃないですね。今、お仕事、何をしていらっしゃいますか。
【Mさん】　塾の講師です。
【深見】　成長とは。
【Mさん】　「この世を忘れて励むことなり」……（色紙の答えを読む）

【深見】

今までは、どうしても、自分がこうしようと思っているけれども、今はこうだ。こうするためには、これがこうならなきゃいけないから、今こうしよう、と。自分の個性は、適性は、これがしたいんだ、あれがしたいんだ、と。そう考えて励んでいらっしゃった。一般的にはそれでいいわけですけれど、やらないよりはいいんですけれど、それなりにいつも努力はしていらっしゃる。だけれども、そういうふうな努力というものは、いままでのMさんと同じレベルのMさん。

そのMさんが一歩成長するためにはどうしたらいいかと言うと、未来のことなんかどうでもいい。適性、どうでもいい。やりたいこと、どうでもいい。目前のことを、己の適性、未来、こんなものを一切忘れ去って励むことができたら、いままでのMさんが、一つランクがポーンと上がったMさんになれますね。

【Mさん】

おそらく今日までは、いろいろ励んでいるんだけれども、これでいいのだろうか、未来はどうなるだろうかと思ってきたんじゃないんですか。

はい。やっぱりどうしても、努力という言葉を見ても、やっぱり最短距離に進もうということで、自分に合ったことというか、なるべく自分がしやすく伸びるように、自分に合わないことをやろうとしても、どうしても避けて通るとか……。

【深見】

ある程度、合理的な人生の追求というのは必要なんですけれども、それで行き詰まっている状態のときに、どうやったら飛び超えられるか。一歩成長するためには、考えるのをやめて、己を忘れて、目前のことに没入したら、没我《ぼつが》の自己に初めて神様がかかる。神様がかかるから道が開く。三年以内に必ず開運する予兆があるから大丈夫です。

しかし、神霊界が動いて、あなたのために新しい道を開くには約束ごとがある。黙って空を見ていても来ない。行き詰まるまではいろいろ考えたらいいんですよ。ギリギリまで来たら、にっちもさっちも行かなくなったら考えるのをやめて、ただただ己を忘れて励んだら、自分の境地が一歩ポーンと超えていくんです。神様が来てシュッと上げてくれるわけです。だから、頭で考えて行き詰まったら、それ以上、頭を使わなかったらいい。全身を使って、肝っ玉を使えば、己の中の境地が乗り越えていくから、運勢が乗り越えた場面が出てくる。それがMさんの成長です。

人間、頭脳を使うときと、頭脳を忘れるときと両方がなければね。ギリギリのところまで行ったら、それしかないんです。ジャンプ。信仰力があって、修業している人にはそれができるんです。だからいくつも脱皮していく。

それがわからない人は、最初の関門でもつまずいてしまうから、こっちに行ったりあっちへ行ったり、堂々巡りになる。ここを越さなければいけない。どうやったら越せるか。己を忘れて一生懸命やっていたらいい。そうしたら後ろから、「はいっ」と言って上げてくれる。

これが神様とともに生きている人間の成長の仕方です。

【Mさん】ありがとうございました。

〈接心・その3〉人生とは何か？

【深見】さて、次に行きましょうか。お名前は何でしたっけ。Kさんだ。

はい、あなたの色紙に書いてある質問は何でしょうか。

【Kさん】「人生とは何か」……（色紙の質問を読む）

【深見】何ですか。

【Kさん】人生とは自分の力を出し切ることだと思います。

【深見】なかなかキャッチしましたね。人生とは何か。

【Kさん】「思ったとおりに生きることとなり」……（色紙の答えを読む）

結婚しなくても別にいいのでしょうか（笑い）。何か、したいというより、もう年だからしなくちゃいけないかな、という感じであれなんですけれども、結婚はまだちょっとしたくないけど、この間、先生がおっしゃったように、一人の生活が長いから、その楽な生活を失いたくないためにしたくないのか、でも、子どもはほしいというような、誰でもいいわけではないけど、適当に決めてしまうといいのかな、それだと相手の人に失礼だと思っていたんですけど。結婚すると制約が増えますよね。当然、男性の方も責任が増えると思うけれども、女性もやはり責任が増えるので、できるなら一人のほうが身軽に、やりたいようにできるから、一人のほうがいいのかなとも思っているんですけど。

【深見】

今言ったように、宮本武蔵の名言に「われ、事において後悔せず」という言葉がある。たとえば、今日果たし合いで自分が切られて死ぬ。どこか、右腕、左腕を切られることがあるかもしれない。それでも後悔はしない。自分が選んだ道だ、と。二天一流を編み出して剣を捨てましたね。それでも、そのときに「われ、事において後悔せず」。

その時点では合っているか間違っているかわからないけれども、後悔しないで先へ進んで行くと、それでよかったという人生が展開される。神様がそうさせてくださるんです。

やりたい仕事をやりたいと自分で思ったんだったら、思ったとおりに生きたらいい。その代わり、思ったとおりやったら、子どもも産みたいし、あれもしたいしという、そちらのほうは満たされないね。何かを得ようと思ったら何かを捨てなきゃならない。何を得て何を捨てるんだと自分でいろいろ考えて決めたら、結婚せずに仕事で生きるんだ、と。それでもし途中で好きな人が見つかったら結婚する、いなかったらしない。ずっといなくても、「われ、事において後悔せず」。もし子どもが産めなくても、「事において後悔せず」。

仕事よりも子どもが産みたい、家庭を持ちたい、それが本当に自分の希望であるんだったら、思ったとおりに生きたらいい。結婚して子どもを産んだら、その代わり仕事のほうは捨てる。しかし、結婚したら、最初のイメージとまったく違うご主人で、結婚なんかするんじゃなかった、と。子どもを産んでみたら、こんなに育児が大変だったなんて知らなかった、ああ、子どもなんて産むもんじゃなかった、と。

「ある悩み、ない悩み」というけれども、おなかに戻すことができないから、産むんじゃなかったとは思わない。もう産んでしまったんだから。そんなのは、どんな母親でも持つ悩みで当然だ、と。結婚する前よりも、してからよくなったという人はあまりいないだろうから、こんなものだ、と。あとで後悔しなかったらいいんですよ。

「われ、事において後悔せず」。どちらに進んでもあまり変わらない。

もう一つ救われる道がある。失礼ですけど、今おいくつですか。

【Kさん】

二十九です。

【深見】ギリギリですね。

【Kさん】今年三十歳になります。

【深見】ですから、高齢出産は三十五が限度と言いますけれども、四十でも、伝家の宝刀、帝王切開というのがありますから。最後に残った帝王切開という秘伝がありますから大丈夫ですけれども、子どもを産むということが頭にあると仕事が手につかない。仕事が手につかない女性なんか魅力ない。縁談も遠のくし、仕事もいい加減。許せるのは三十四歳までで、仕事は四割で結婚を求めるようにがんばってみる。年代で区切るんです、ピチッと。

あるいは逆に、三十四歳までとにかく仕事をやってみて、それまでにもしすごく好きな人が現れたら結婚するけれども、積極的にはしない。仕事のことしか考えない。三十四歳になったら急激に結婚のことのみ集中する。それで理想どおりの人が現れなくても、それは仕方がない。それで三十四まで、とりあえず三十七歳ぐらいまでやってみて、女の厄年まで結婚を探してみる。少し条件的にマイナスかもしれないけれども、それでもし見つからなかったら、やっぱり私は仕事で生きるべきだったんだ、と。絶対、後悔しない。

そういうふうな人間は魅力がありますから、嫌だと言っても、「結婚してほしいんですが」と、しょっちゅうラブレターが来ますよ。またこんな男からラブレターが来た、と言ってみたいですね、こういうこと。そうなります。思い切りのいい女性というのは目がキラキラしているし。

人生とは、究極的に、自分が思ったとおりの人生だったら、独身を貫いていても、結婚しても、再婚しても、たとえば許されない人との間に子どもができたりしても、これが最高だと思っていたら幸せですよ。

私なんかも一人でいます。これは最高だと思って後悔しない。本当は後悔しそうになるんだけれども、「われ、事において後悔せず」。なぜこんな台詞が出るか。自分に言って聞かせているんです。そう思ったら、「それでよかった」、「ああ、先生はあれだからよかったんですね」というような人生がそのあとから展開されていくんです。ああだったのに、こうだったのに、じゃないんですよ。そう思って生きるから、後悔しなかったような人生が、ドラマができていくんです。

仕事でずっと生きたいと思って、その仕事が魅力ある仕事であれば、定年退職までやって、そのあとちゃんと、厚生年金をピチッとして、老後の設計をピチッとして、好きなように、思ったように生きていく人生。後悔しなかったら、それは幸せな人生ですよ。

結婚して子どもがたくさんいる人は、「うらやましいね、あなたは。私たちはもう子どもが二人もいて、夫と子ども二人と、育児だけで追われてきて、少しも思ったことができなかった。あなたの人生、うらやましいわね」と言いますよ。その代わり、仕事で成果が出てきたら、の話ですよ。「あなた、お気の毒ね、仕事もたいしたことないし、ご結婚もいきそびれて、お子さんも生まれないまま、虚しくバストも萎れていった」（笑い）。そんなこと言われちゃいけない。

一道に徹して、どちらに転んでも「われ、事において後悔せず」と思って徹底すると、「ああ、それでよかったんですね」というふうになるんですよ。いまのままだったら両方ダメですね。

ダルマさんとにらめっこして、自分はこう生きるんだと、しばらくお考えになって決めたら後悔しない。縁があるものだったら、男のほうから飛び込んで来ますから。運勢を引き寄せるような人間になりますから。迷いを吹っ切って。

【Kさん】結局どちらにするか……。

【深見】どちらにするかね。しかし、こういうふうな年齢で、こういう立場に来て、人間が磨かれますね。スーッと結婚して、スーッと来た人は、ダルマさんの前でにらめっこするチャンスもないものね。

【Kさん】スーッと来る人は、結婚するのが当たり前で、スーッと結婚するから、スーッと決まるんじゃないんですか。

【深見】いや、その逆ですよ。結婚した人は、夫もまあまあの夫、子どももまあまあと。人生ってこんなものかな、こんなものかもしれないけれども、外でバリバリ仕事をしている人がうらやましいなと言っていますよ、みなさん。私は両方聞いていますから。仕事一途にしているタレントさんとか、私もよく知っていますけれども、「先生、やっぱり子どもが産みたい」とは言いませんけれども、「じゃあ、何歳まで仕事で、やにわにそのときからパッと子どもをつくったらいいんじゃないですか」と。

【Kさん】「ああ、それいいですね」。

【深見】何歳までは一切、子どものことは考えない。仕事のことしか考えない。その歳になったら、これで仕事は終わりと決めて、それから子どもをつくってやる。その間に経済力さえ養っておけば、その後、子どもを産んでもできる老後の生活を設計しておけば、まったく迷いがなくて、その人なりのオリジナルな人生を送れますよ。

「いろいろと紆余曲折があった人は、人生にドラマがあっていいですね。私なんか平凡にきてしまったから、来世はもっと波瀾万丈な人生がいいなあ」という人、いますよ。いませんか、みなさんの中にも。平凡な結婚をした人というのは、そういう人が多いです。

両方、それなりにどちらの道に行っても、「人生、何事かを選ばば、後悔あり、何事も選ばざれば、これまた後悔」と言います。だから、「われ、事において後悔せず」という宮本武蔵のような人生を送ればいい。そうすれば、立派な人生を送れますよ。

三年以内に答えを出しましょうね。来るものが飛んで来るという霊力のある人は来ますから。本当に来ますからね。大丈夫です。

〈接心・その4〉 愛について

【深見】次、行きましょう。色紙を読んでください、Uさん。

【Uさん】「愛について」……(色紙の質問を読む)

【深見】愛とは何だと思いますか。

【Uさん】相手の欠点も、自分が苦手なタイプと思っても、その人の存在を認めて受け入れることだと思います。

【深見】Uさんは独身ですか。結婚はなさっていますか。

【Uさん】いいえ、独身です。

【深見】一番悩んだのが、その問題ではないですか。愛について。愛とは何なんだろう。どうすることが本当の愛なのだろう。

【Uさん】「一路を迷わぬこととなり」……(色紙の答えを読む)

【深見】結婚しようか、結婚すまいか、一緒にいようか、離れようか。いずれにすべきかと選択に迷うときに、いつも人間には迷いというのがある。どうすることがいいんだろうか、どうすることが愛なんだろうか、と。たとえば、この人と結婚しようか、するまいか、悩んで悩んで、答えが出ないとき、どちらでもいいんです。一〇円玉に結婚と不結婚と書いて、ぽーんと投げて、結婚が出たら結婚する。不結婚と出たら結婚しない。その一路を徹底すると、結婚と出たら、「ああ、結婚してよかった」という人生になる。結婚しないと思っていたら、「結婚しなくてよかった」という人生になる。縁のある人なのか、ない人なのか。縁があると思ってしたら、本当に縁があったと思うように出てくるし、縁がないと思ったら、もっと強い縁の人が呼び寄せられる。三回結婚しても悠然とギターを弾いている人もいるし、四回結婚しても、五回結婚しても、立派に建築をやっている人もいるし、私みたいに独身で、結婚生活を送ったことのない人間が、夫婦とはなんて堂々と講義している。一路を迷わず徹底すれば、三回結婚しようと四回結婚しようと、独身であろうと、なかろうと、あまり関係ない。私にとって、愛とはこうすることだと思ったら、それがあなたの愛になる。一路を徹底したら、真実の愛です。

それが間違っていたとわかったら、そのときに新しくグレードアップした愛が出てくる。一路を迷わないで決めなかったら、それが正しかったのかどうなのか、答えが出ないですね。こうすることが自分の愛だと思ったら、一路を貫き通したらいいです。どうしても違うと思ってわかったら、その時点でパッと変えたらいい。「念の出ずることを恐れずに、その覚《さと》ることの遅きを恐る」と言いますよ。新しい一路をまたつくったら、「ああ、前のあの経験があったから、もっとよりグレードアップした愛を行なうことができるようになったんだ。あの愛があったから、この本当の愛があるんだ」と。絶えず、経験を成長の糧にしておけば、後悔のない人生になるんです。

吹っ切れましたね。三日以内に答えを出しましょう。答えを出したら、先ほどのKさんと関連していますね。絶対に後悔しない。一路をきちっと突き進む。どの路でもほとんど変わりない。迷うことが一番不幸なんです。年ばかりとっていって「ああすればよかった、こうすればよかった」と後悔の種をつくりますね。男性も女性もほとんど変わりないですよ。一日一人殺さなかったら、何か落ち着かないなんていうほどの欠点はないでしょう。私みたいに、いつもあの世の世界にいなかったら、なんていうのは特殊ですから、私の場合は。この特殊な人生でなかったら、潜水艦だったんですものね、前にも言ったように、並の下（波の下）だったんですから。

それほど長所、短所と言ったって、たいしたことはないですよ。言っている自分のほうがもっといろいろ短所がありますよ。そんなにたいした短所でもない。たいした長所もない人と結婚して、一緒にやっていくわけですから、たった一人の男性、たった一人の女性のために、自分の人生の究極の目的とか、喜びとか、進歩。こういうものが影響されてたまるかというぐらいの気持ちを持たないといけない。そうでないと、ちょっとしたことで、「ああしようか、こうしようか」になりますね。こういうのを「蚤のキンタマ八つ裂きにして、てんぷら揚げて、酢味噌和えにする」と言うんです。あまりきれいな表現じゃないけれども、ほとんどたいしたことない。長所、短所と言ったってたいしたことないですよ。

長所と言ったって、一日一つの国を救済するような趣味ですとか、一日一人殺さなかったら落ち着かないほどの欠点はないでしょう。長所というのは、それほどないでしょう。たいしたことない。子ども一人のために、夫一人のために、妻一人のために、自分の境地や気持ちがぐらぐらするなんてことは、ちっぽけでしょう。人類のうちの一人が今日もまた家にいる。「お父さんは最近大きくなられたね」「そう、霊界が大きくなっている」と。人類のうちの爪の垢の何分の一かが、今日この会場に、来ていらっしゃいますけれども。

神様が「まあまあ、本当に小さき人たちよ」と、神様は縮小して来ていらっしゃる。本当の御心《みこころ》ってそういうものですよ。神様は無限大に大きいから、私たちも気持ちを無限大に大きくしなかったら、いただけないですね、大きな功徳《くどく》は。

大本教のお筆先《ふでさき》にも、「神は小さいことを嫌うぞよ」と書いてあります。どんなに大きいことを言っても税金はかかりませんよ。無税。思いは雄大に、行ないは一歩また一歩。これは神様の道に合っています。

【Uさん】

書きました。

たしかあなた、「神様の御心をどうしたらわかりますか」という質問を書かなかったですか。

【深見】ね、よく覚えていますでしょう。私、筆跡を一度見たら忘れないんですよ。それですよ。みなさん、これからそう思いましょうね。人類のうちの一人の子どもというのがいる。夫といったって、たいした長所も欠点もない。余裕でご飯をつくって上げる。餓鬼霊《がきれい》に供養《くよう》するようなもんなんだ、と。これぐらいの気持ちを持ちたいですね、みなさん。仏様のようなものですね。

〈接心・その5〉礼儀について

【深見】次に行きましょう。
【Eさん】「礼儀について」……（色紙の質問を読む）
【深見】礼儀とは、どういうものですか。
【Eさん】形式だと思います。
【深見】どういう形式が本当の形式ですか。
【Eさん】すべての人が納得いくような秩序とか、そういうものだと思います。
【深見】それはどんな秩序ですか。

【Eさん】たとえば年功序列とか、年齢によるものとか、そういうことではないかと思います。

【深見】それが本当の秩序でしょうか。

【Eさん】「相手を気持ちよくさせること」……（色紙の答えを読む）

【深見】あなたはたしか、海外から来る外国の人たちを、いつも礼儀がないと思っていませんか。

【Eさん】思いません。

【深見】どういうふうに礼儀を尽くせばいいかと思っていませんか。

【Eさん】思っています。

【深見】相手を気持ちよくさせたらいいんですよ。礼儀とは、相手を気持ちよくさせるものなのです。これが礼儀だからと言ってするんじゃない。外国へ行きますと、年功序列なんて関係ない。

そういう外国の人が日本に来て、「どうやったらいいんだ」と。

「日本人はこうすることを気持ちよく感じるから、そうしなさい。それが礼儀というものですよ」

「ああ、こうすると日本人は気持ちよく思うのか。なるほど、わかった」と。なぜ、こんなに礼儀、礼儀と言うんだ。本当に堅苦しくて、やりにくい国だと思うでしょう。

カンボジアとかスワヒリ語を話す人たちとか、インド人とか、とにかくそれぞれの民族、それぞれの社会、それぞれの家風、それぞれの社風で礼儀が決まっているわけですよ、礼と儀が。ところ変われば品変わる。

ところが、こうあるべきだというフォームをつくってしまったら、臨機応変にできないですね。それは礼儀じゃない。そのグループはそのグループの人たちが心地よく、気持ちよくなるために、このルールを決めましょう。その民族は、その民族なりに、気持ちよく過ごせるように法律をやりましょう。そういうふうに教育するし、自分もこの民族の人たちはこうすると気持ちよく感じる。

しかし、その人たちだけが気持ちよくても、全体の不調和になったら困ります。一方だけが気持ちよくて、こっちが不快感なら困るから、両方が気持ちよくなるような最大公約数。これが最低の礼儀ですね。それを見出していくと、どんな民族にも礼儀が行き渡るわけです。

相当、そのあたりで悩んでいらっしゃったのですか。

【Eさん】はい、そうです。いろんな国の方を相手にしていますけれども、アラビアのイスラム教徒とか、インドの人とか、ちょっと考え方がわからないことが多くて、非常に悩んでおりました。

【深見】ふーん、そうです。聞いたらいい。

「イスラム教の人たちは、どういうことを気持ちよく思い、どういうことを気持ち悪く思うのですか」と。

こういうのが気持ちがいいと言うのをして上げれば、喜びます。逆に、気持ちが悪いということは、触れなかったらいい。気持ちが悪いと思うことを触れないようにして上げるのが礼儀です。そうしたら喜びますね。人間、触れられたくないところは触れないのが礼儀ですよ。

教育訓練のとき、触れなければならないときには、「これは教育訓練だから、嫌なことかもしれないけれども、馴染んでくださいよ」と、ただし書きをすれば、わかったら気持ち悪くならない。気持ちよく思います。

どの民族でも、気持ちよく感じるところと、気持ちが悪く感じるところがある。嫌と思うところはどこなのか。嫌なことは触れないように。

それでも、あえてしなければならないときは、ただし書きをして言って上げれば、非常に礼儀をわきまえた、その人たちにとっていい人だ、と。それが冷静に分析できないと、一つのことをこうしようと思っても、お互いに理解できないので、一歩踏み込んでおつき合いができないですね。探せばいいんですよ。

夫婦の間の礼儀もそうですね。妻は妻なりにどういうところで気持ちよく思うか。どういうところは気持ち悪く思うか。気持ち悪いところを触れないようにする。気持ちよいということをなるべくするようにすると、夫婦の間の礼と儀がうまくいきますね。

神様と人間もそうですね。神様にも気持ちよくお思いになるところと、神様が気持ち悪くお思いになるところがある。オカマなんてやめてくれ、怨念なんかはやめてくれ、愛情で満ち満ちて、迷いがなくパッパッと生きている人間は、神様もスカッとして気持ちがいい、と。竹を割ったような女だなんて、竹下さんみたいだな、と。それから、女の腐ったような男だなとか、男の腐ったような女もいますね。生意気で、言うことだけは立派なんだけれども、責任を取るかと言うと、取らない。男の腐ったような女、女の腐ったような男、竹を割ったような女っていますよ。とにかく、神様から見て、こういう女性はよくない、こういう人間像はよくないと思うことは、なるべくしないようにして、神様が気持ちよく思うことに努める、と。

だいたい、神様は愛と真心が気持ちよく思うし、さっき言った五聖願の一つである「上乗《じょうじょう》に至《いた》ろう」。何でも向上したいというのは、神様も「ああ、よしよし。なかなかいいね、君は。守護していても気持ちがいいよ」と。

「真諦《しんてい》を得せしめたまえ」。ものごとの真理は一体何なのだ、どこに真相があるのだと真理を探究していこうという人間も、「なかなか、君、いい子だね。賢いね。守護していても気持ちがいいね」と。

「願わくば衆生《しゅじょう》を済度《さいど》ならしめたまえ」。少しでも世の中をよくしたい。人を救いたいという人も、「なかなかいい。私の気持ちと同じだ、うん、なかなかいい子じゃないか。まあ、昨日のお下がりの御神酒でもどうだね」と、神様がくれる。「守護していて、君は気持ちがいい。気持ちいいやつだな、君は」と言いますね。

次、「願わくば功候《こうこう》を積ませてください」。お手柄、世の中に功績を残すために生まれてきたのですから、功績を積むだけ立派じゃないといけないから、真諦を得せしめたまえと願う上乗が出てくるわけ。そして、衆生を済度することで、功《いさおし》を立てると位をもらう。

霊格はどうすればいただけるかという質問がありましたね。誰か「どうすれば霊格が上がりますか」と。功を積むのです。真諦を得る努力、上乗に至る努力、衆生を済度する努力で、功・お手柄を立てると、霊格が上がってくる。ランクが上がってくる。

そして五番目。「神様の御用にお使いください」。この五つを願い、この五つのことを努力したら、神様も「本当に気持ちのいいやつだ」と言いますよ。「神様、あっちへ行ってくれ」と言っても、「そう言うなよ」と言ってついて来ますね。浮遊霊と逆です。富裕人。富裕な人物になる。豊かな人間になりますね。「帰れ」と言ったって神様、帰りませんよ。「頼むから守護させてくれ。昨日守護していたやつなんか、産土《うぶすな》の神社にとって最悪なやつだ。あいつは、酒ばっかり飲んでいて」と。酒は少しぐらいならいいけれどもね。

とにかく、愛と真心と五つの道に叶っていることが第一。反対に我と慢心を嫌がりますね、神様は。我と慢心、次に怠り、努力しないのを嫌がります。我と慢心と怠りを避けて、五つの道に合っていたら、「こんなに気持ちのいいやつはいないですよ」と言って、守護神協同組合の中でも発表していますね。『話題の人物……今年度、最も気持ちよかった人物はN君だ』なんて。それは神集祭のときによく話します。今年度、最も気持ちよかった人物、よくありますね。今年の一〇大ニュースなんてやっているでしょう。ああいうのは神霊界でもやっています。「今年の一〇大ニュース、最も気持ちのよかった人間。最も気持ちの悪かった人間、これは地獄界へ行っていただこう。気持ちのよかった人間には功を与えて、みんな守護しようよ」と。

ちゃんと人事考課があるんですよ、神様にも。浮気ばかりするから五点引き。ただ飯食らいだから一〇点引き、テレビばかり見ているから二〇点引き、定例講義をさぼってばかりいるから一〇〇点引き、こういうのがいろいろ出てきます。

神様と人間との間も、神様が気持ちよくなるところにして上げれば、神と人間との礼儀がピチッとできる。夫婦の間でも、親子の間でも、神と人の間でも、距離と調和、秩序と調和ですから、それが本当なんです。両方が気持ちよくなるように、最低これだけはと、いつもそう考えていたら、真に礼儀をわきまえた人間です。その人といたら、非常に気持ちがいいですね。

あまり儀礼張るとぎこちなくて、これ、礼儀だからと言うと、礼儀礼儀と堅苦しくて、かえっておつき合いしにくいと言われますよ。それはあまり礼儀正しくない。礼儀に反することで、仲良くなるときは仲良くならないといけない。ツボに当たっていないですね。もう少し観念を破って自由に、フリーにものごとを考えられると、その基本的方式さえわかれば、礼儀はきちっと果たせますから、間違いないです。

少々無礼講でもいいんですよ。無礼講でございますというのも、またいいんですね。気持ちよかったら、無礼講、大いにやってください。「ちょっとすみませんね、不躾ながら」なんて言いますよね。「ちょっと不躾ながら」

なんて言いますと、「ああ、いいですよ」なんて。その一言の枕詞がなかったら、「先生、あの娘は死んだらどうなるんですか」なんてなりますからね。「こんなことをお聞きしていいのかな」なんて言うと、ああ、心地いいですね。枕詞さえ、日本ではただし書きすれば、少々無礼講でもいいんですよ。あまり礼儀で儀式張っていたら、自在性がないから、かえって生きないですね。それが礼儀じゃないところの礼儀、本当の礼儀というのはそうですね。

【Eさん】

ありがとうございました。

深見東州氏の活動についてのお問い合わせは、下記までお願いいたします。
また、無料パンフレット（郵送料も無料）が請求できます。ご利用ください。

お問い合わせ　フリーダイヤル
0120 - 507 - 837

◎ワールドメイト

東京本部	TEL 03-3247-6781
関西本部	TEL 0797-31-5662
札幌	TEL 011-864-9522
仙台	TEL 022-722-8671
東京（新宿）	TEL 03-5321-6861
名古屋	TEL 052-973-9078
岐阜	TEL 058-212-3061
大阪（心斎橋）	TEL 06-6241-8113
大阪（森の宮）	TEL 06-6966-9818
高松	TEL 087-831-4131
福岡	TEL 092-474-0208

◎ホームページ
https://www.worldmate.or.jp

深見東州
(ふかみ とうしゅう)
プロフィール

本名、半田晴久。別名 戸渡阿見《ととあみ》。1951年に、甲子園球場近くで生まれる。㈱菱法律・経済・政治研究所所長。宗教法人ワールドメイト責任役員代表。

著作は、189万部を突破した『強運』をはじめ、ビジネス書や画集、文芸書やネアカ・スピリチュアル本を含め、320冊を越える。CDは112本、DVDは45本、書画は3546点。テレビやラジオの、コメンテーターとしても知られる。

その他、スポーツ、芸術、福祉、宗教、文芸、経営、教育、サミット開催など、活動は多岐にわたる。それで、「現代のルネッサンスマン」と呼ばれる。しかし、これらの活動目的は、「人々を幸せにし、より良くし、社会をより良くする」ことである。それ以外になく、それを死ぬまで続けるだけである。

海外では、「相撲以外は何でもできる日本人」と、紹介される事がある。しかし、本人は「明るく、楽しく、面白い日本人」でいいと思っている。

(2023年6月現在)

自分を変えれば未来が変わる

平成13年８月31日　初版第１刷
令和５年６月30日　　　第27刷

著　者　深見東州
発行者　杉田百帆
発行所　株式会社　TTJ・たちばな出版
〒167-0053　東京都杉並区西荻南2-20-9 たちばな出版ビル
TEL　03(5941)2341(代)　FAX　03(5941)2348
ホームページ　https://www.tachibana-inc.co.jp/
印刷・製本　萩原印刷　株式会社

ISBN978-4-8133-1237-6

スーパー開運シリーズ

各定価（本体1000円＋税）

●189万部突破のミラクル開運書―ツキを呼び込む四原則

強運

深見東州

あなたの運がどんどんよくなる！

仕事運、健康運、金銭運、恋愛運、学問運が爆発的に開ける。神界ロゴマーク22個を収録！

●84万部突破の金運の開運書。金運を呼ぶ秘伝公開！

大金運

深見東州

あなたを成功させる、金運が爆発的に開けるノウハウ満載！「金運を呼ぶ絵」付き!!

●39万部突破。ついに明かされた神霊界の真の姿！

神界からの神通力

深見東州

不運の原因を根本から明かした大ヒット作。
これほど詳しく霊界を解いた本はない。

●29万部突破。現実界を支配する法則をつかむ

神霊界

深見東州

人生の本義とは何か。
霊界を把握し、真に強運になるための奥義の根本を伝授。

●40万部突破。あなた自身の幸せを呼ぶ天運招来の極意

大天運

深見東州

今まで誰も明かさなかった幸せの法則。
最高の幸運を手にする大原則とは！

●29万部突破。守護霊を味方にすれば、爆発的に運がひらける！

大創運

深見東州

神霊界の法則を知れば、あなたも自分で運を創ることができる。項目別テクニックで幸せをつかむ。

●46万部突破。瞬間に開運できる！　運勢が変わる！

大除霊

深見東州

まったく新しい運命強化法！　マイナス霊をとりはらえば、あしたからラッキーの連続！

●61万部突破。あなたを強運にする！　良縁を呼び込む！

恋の守護霊

深見東州

恋愛運、結婚運、家庭運が、爆発的に開ける！「恋したい人」に贈る一冊。

●46万部突破。史上最強の運命術

絶対運

深見東州

他力と自力をどう融合させるか、究極の強運を獲得する方法を詳しく説いた、運命術の最高峰！

●46万部突破。必ず願いがかなう神社参りの極意

神社で奇跡の開運

深見東州

あらゆる願いごとは、この神社でかなう！　神だのみの秘伝満載！　神社和歌、開運守護絵馬付き。

●スーパー開運シリーズ　新装版

運命とは、変えられるものです！

深見東州

運命の本質とメカニズムを明らかにし、ゆきづまっているあなたを急速な開運に導く！